M. JOSEPH GIRARD

PRÊTRE DE LA MISSION

PREMIER SUPÉRIEUR DU GRAND SÉMINAIRE D'ALGER

PARIS

IMPRIMERIE DE LA SOCIÉTÉ DE TYPOGRAPHIE

J. MERSCH, DIRECTEUR

8, RUE CAMPAGNE-PREMIÈRE, 8

1881

M. JOSEPH GIRARD

PRÊTRE DE LA MISSION

PREMIER SUPÉRIEUR DU GRAND SÉMINAIRE D'ALGER

NOTICE

SUR

M. JOSEPH GIRARD

PRÊTRE DE LA MISSION

PREMIER SUPÉRIEUR DU GRAND SÉMINAIRE D'ALGER

PARIS

IMPRIMERIE DE LA SOCIÉTÉ DE TYPOGRAPHIE

J. MERSCH, DIRECTEUR

8, RUE CAMPAGNE-PREMIÈRE, 8

—

1881

CHAPITRE PREMIER

NAISSANCE DE MONSIEUR JOSEPH GIRARD.
SES PREMIÈRES ANNÉES.

Le respectable missionnaire dont la Compagnie déplore la perte naquit le 1ᵉʳ mai 1791, au Fohët, commune d'Aydat, canton de Saint-Amand-Tallende, du diocèse de Clermont. Son père se nommait Michel Girard et sa mère Marie Bellot. Il reçut au baptême le prénom de Joseph. Nous le laisserons raconter lui-même, en termes humbles et naïfs, l'histoire de ses jeunes années.

« J'avais un frère et deux sœurs, dont la plus jeune mourut avant mes études. L'autre plus âgée que moi me servit de mère, car ma mère mourut quand j'avais à peine quatre ans. J'ai toujours déploré cette perte : heureux qui garde sa mère ! Sans elle il y a un grand vide dans le cœur ! J'avais une tante religieuse, chassée de son couvent, comme tant d'autres, par la révolution. Elle m'enseigna avec un grand zèle à servir Dieu, à le prier et à l'aimer.

« On m'avait appris à servir la messe, et je

commençais à le faire, en effet, à trois ans et demi, mais sans piété, sans goût et sans respect. Quelquefois on venait me chercher pendant que je déjeunais, et, en la servant, n'osant pas manger mon pain frais, je m'en servais comme de mortier pour boucher les trous de la muraille. Souvent on me trouvait à jouer, et, au lieu de cesser mon jeu pour aller prier, j'allais me cacher afin qu'on prît un autre servant. Dieu m'a sans doute pardonné, car j'ai maintenant, et j'ai eu depuis longtemps, un grand regret d'avoir agi de la sorte.

« Presque tous les actes de mon enfance sont encore pour moi des sujets de honte et de repentir ; j'admire comment Dieu m'a supporté si longtemps et laissé aller jusqu'au sacerdoce ! Souvent je faisais partie de ces bandes d'enfants *ravageurs* qui vont prendre furtivement les fruits dans les jardins, et, quoique j'aie donné l'aumône aux pauvres à l'intention de réparer mes injustices d'enfance, je crains encore de n'avoir pas fait assez.

« Les femmes de la maison, ma tante, ma grand'-mère, ma sœur m'avaient appris à lire, comme malgré moi, puisque je ne pensais qu'au jeu. Cependant, mon père, toujours bon pour moi, m'envoya de Fohët à Cournols chez M. le curé, qui prit la peine de m'enseigner la lecture et l'écriture, dans lesquelles je faisais quelques progrès, mais dix fois moins que si j'eusse mis de l'importance à la science. Un enfant, un peu plus jeune que moi, mais beaucoup plus sage et dont j'admirais la piété, François Espit, m'accompagnait à Cournols ; j'avais la malice néanmoins de lui jouer des tours ! Un jour ses parents, arrivant de la messe, le trouvèrent mort sur de la paille dans une écurie. Toute cette famille était d'une piété remarquable et très remarquée au pays. La mort de ce cher camarade m'affligea grandement.

« Dans les voyages pour aller à l'école, j'emportais mon dîner dans un petit sac, et je prenais mon frugal repas sous un arbre, dans une cour ou près d'une fontaine. Bientôt j'allai au catéchisme que j'apprenais, dit-on, assez bien, mais je ne sais comment, car je n'y mettais aucune étude. Cependant, peu à peu je prenais goût à ces réunions d'enfants, où, malgré mon peu d'intelligence, j'admirais la force de la religion qui confond l'enfant riche avec celui qui est pauvre, sans autre distinction que celle du savoir et de la conduite. J'étais ravi de voir la candeur naïve, la modestie et la piété de quelques enfants de la troupe. La vue des plus pauvres m'affligeait : j'aurais voulu avoir assez d'habits propres et neufs pour en donner à ceux qui étaient pauvrement vêtus. J'avais aussi une grande inclination à donner du pain aux pauvres, et j'étais heureux quand j'en voyais venir un et qu'il n'y avait personne à la maison, parce que je pouvais, sans être grondé. lui remettre un morceau de pain plus gros qu'on ne le donnait ordinairement. Cette générosité n'avait rien de surna-

turel; c'était pure compassion naturelle et inclination à faire plaisir. »

Après avoir raconté la déception qu'il éprouva
de n'être pas choisi le premier pour faire la première communion, à cause de son âge trop peu
avancé, M. Girard ajoute avec humilité : « Mon
tour vint plus tard et peut-être trop tôt ! Car j'avais
peu l'intelligence de la sainteté de Celui que j'allais
recevoir, et des dispositions dans lesquelles il devait me trouver en se donnant à moi. Je croyais
pourtant à sa présence dans l'Eucharistie, et j'y
croyais probablement plus que d'autres, parce que
le catéchisme portait que, sur la parole de Dieu,
nous devions croire plus fermement que si nous
voyions de nos yeux, parce que nos yeux peuvent
nous tromper, au lieu que la parole divine ne peut
jamais nous tromper. Cette affirmation du catéchisme faisait beaucoup travailler mon esprit et
m'est toujours restée en mémoire. Comment, me
disais-je souvent, croire plus que si je voyais de
mes propres yeux ? Ce jour de la première communion, le plus beau de la vie pour les enfants pieux
et bien instruits, ne fut pas pour moi sans quelques
nuages, car je craignais de n'avoir pas assez clairement expliqué mes fautes en confession. Si cela
est, je prie mon Seigneur Jésus de me pardonner
cette faute ainsi que tant d'autres que j'ai com-
mises plus tard dans le cours d'une longue vie ! »
C'est par ces religieuses frayeurs que commence
à se révéler une délicatesse de conscience qui ne

transigera jamais avec le devoir. Celui qui les formule a aussi laissé ailleurs échapper cet aveu édifiant : « J'étais innocent (à 14 ou 15 ans) comme on l'est à quatre ans. »

Peu de temps après la première communion, il reçut la confirmation à Saint-Amand-Tallende, chef-lieu du canton où avaient été convoquées toutes les paroisses environnantes, et il a exprimé le regret que cette « cohue d'enfants » ait enlevé le recueillement que demande une si sainte cérémonie. Ici se place le souvenir de ce qu'il appelle, dans un sentiment de juste indignation, « le plus grand danger qui ait jusque-là menacé son salut ». Son oncle paternel, directeur de l'École vétérinaire d'Alfort, près Paris, proposa à ses parents de l'envoyer dans la capitale et de lui faire suivre sa carrière ; il promettait de se charger complètement de lui. Or, malheureusement, cet oncle, imbu des idées du siècle, n'avait aucune religion ; son école était un foyer d'impiété et d'immoralité. « Voilà, s'écrie-t-il, dans quelle maison j'étais menacé d'être envoyé ! Mon Dieu, combien je vous remercie de m'avoir empêché de tomber dans ce précipice, où j'aurais perdu toutes les vertus, où je vous aurais perdu vous-même, peut-être pour toujours, car j'avais assez de penchants pervers pour faire un mauvais sujet. »

Un instant séduits par l'espoir de la fortune, ou dominés par l'habileté de la parole de l'oncle, les parents de l'enfant furent sur le point d'accepter l'offre qui leur était faite ; mais, rappelés bientôt par leurs sentiments chrétiens à une plus juste appréciation des choses, ils renoncèrent à ce projet fatal et songèrent pour leur fils à un avenir plus conforme aux traditions de la famille.

« En attendant le moment de me mettre aux études, continue M. Girard, mon père m'employait à garder les troupeaux, à labourer la terre et à tous les travaux des champs. J'étais bon laboureur, mais mauvais berger. Mon Dieu, que de dégâts j'ai laissé faire ; que de murmures, que de plaintes contre moi ! Souvent il me prenait avec lui, dans ses courses aux foires et aux marchés, pour me faire connaître le pays, les affaires, les hommes. Hélas ! il y a plus à perdre qu'à gagner dans ces connaissances. O simplicité de la campagne, que tu es bien préférable aux ruses des villes ! Rarement, à courir le monde, on devient plus homme de bien : *quoties inter homines fui, minor homo redii.* (1)

« Dans ces années d'enfance, ajoute-t-il encore, j'étais tenu assez sévèrement. On m'interdisait la fréquentation des autres enfants ; on m'obligeait d'aller aux vêpres et même au chapelet qui se récitait publiquement tous les dimanches dans l'église. On y faisait même le soir le chemin de la Croix et, chose édifiante, c'étaient les hommes les plus riches et les plus estimés qui le présidaient. Cette sévérité me contrariait alors et me pesait comme

1. Imit. Liv. I, C. xx, n. 2

un joug difficile à porter. J'en pense bien autrement aujourd'hui! Je comprends le grand service
qu'on me rendait malgré moi. Plût à Dieu que tous
les parents eussent la main assez ferme pour ne
jamais lâcher la bride à leurs enfants, et les forcer
à prendre de saintes habitudes! Il est vrai que je
commençais à sentir les deux hommes dont parle
Louis XIV; mais, malgré une espèce de fureur
pour le jeu, j'aimais l'église, je me plaisais à chanter
les divins offices. On bâtissait une église à Fohët
avec un entrain extraordinaire, et je partageais
l'enthousiasme général. Ne pouvant payer de ma
personne, j'allais, je venais, et la joie universelle
était ma joie.

« Pendant l'hiver, (c'est encore lui qui parle)
les femmes pauvres se réunissaient dans la maison
de mon père pour y passer la veillée. Tout en
filant leur quenouille, elles chantaient des cantiques, lisaient la vie du saint du jour ou l'évangile
du dimanche suivant. Volontiers elles parlaient des
anciens missionnaires et racontaient les dialogues
qu'ils avaient entre eux et qu'on appelle *conférences*. J'ignore si c'est là que j'ai pris ma vocation de missionnaire; mais je prenais un vif intérêt
au récit que faisaient ces bonnes chrétiennes, aux
cantiques qu'elles chantaient, aux lectures dont
elles édifiaient la réunion. Il serait à désirer que
de telles veillées s'établissent partout. »

Telles furent les premières années d'une vie si
saintement remplie. Dans ces détails, ces remarques,

ces sentiments pieusement et fidèlement reproduits, on trouve, avec le parfum de la vie chrétienne au sein d'une famille patriarcale, tous les germes de ces vertus aimables qui distingueront le futur supérieur du Grand-Séminaire d'Alger. Aussi, n'est-on pas éloigné de dire, avec les heureux témoins des merveilles dont fut environné le berceau de saint Jean-Baptiste : *Quel pensez-vous que sera cet enfant ?* (1)

CHAPITRE DEUXIÈME

M. JOSEPH GIRARD COMMENCE SES ÉTUDES. — SON ORDINATION. — SES PREMIERS TRAVAUX APOSTOLIQUES. — SON ENTRÉE DANS LA CONGRÉGATION.

Quelques années seulement avant sa mort, M. Girard écrivait les paroles suivantes : « Peut-être aurais-je mieux fait de demeurer paysan avec et comme mon père, et de travailler la terre, que de devenir prêtre, parce que j'ai fait beaucoup de fautes que certainement je n'aurais pas faites, et dont je demande humblement pardon à N.-S. »

Ces sentiments d'une sainte frayeur, la divine Providence les inspire d'ordinaire sur le soir de la vie afin de purifier l'âme des complaisances cou-

1. Luc, I, 66.

pables qu'elle aurait attachées à l'exercice de fonctions sublimes. A l'heure de la vocation, au contraire, elle semble voiler l'avenir pour ne rien ôter au pieux élan, disons mieux, aux encourageantes illusions de la jeunesse. Le jeune Girard, nous venons de le voir, était tout entier livré aux aspirations de l'apostolat, grâce au milieu chrétien où il avait grandi. D'ailleurs sa nature vive, son esprit ouvert, ses habitudes régulières semblaient répondre du succès; il fut donc résolu qu'il commencerait les études préparatoires au sacerdoce. Il était alors dans sa quatorzième année.

« Ses bons parents prirent tous les moyens, dit-il lui-même, de le bien placer et de le mettre à l'abri des mauvaises compagnies. » Il fut envoyé à Clermond-Ferrand, chez un instituteur, M. Martin, qui avait une vingtaine d'élèves, dont les uns apprenaient à lire et les autres étudiaient la grammaire française. Quelques-uns se livraient à l'étude du latin. Le nouveau venu se trouva parmi ces derniers. Il ne lui fallut pas longtemps pour passer au premier rang. Sa modestie aimait à répéter que tout l'avantage lui était arrivé de la grande jeunesse, ou même de la paresse de ses émules. Ceux-ci n'en jugeaient pas de même, car, plus d'une fois, ils refusèrent de *composer* si leur redoutable antagoniste n'était mis hors de concours ! En troisième cependant, il rencontra un rival avec lequel il fallut compter et qui lui devint « supérieur presque en tout ». Cette lutte, tout en lui occasionnant des échecs qui l'attristaient et l'humiliaient, redoubla son énergie pour le travail. Après la rhétorique, cet élève capable disparut, et avec lui, tout obstacle à un succès constant. Peut-être faut-il attribuer à cette sécurité dans le triomphe le peu d'éclat avec lequel il fit son cours de Philosophie, car on l'a souvent entendu répéter « qu'il n'aimait pas cette classe ». Peut-être aussi faut-il en chercher la cause dans la nature de son intelligence, essentiellement pratique et ennemie des abstractions métaphysiques.

Il en fut bien autrement de l'étude de la Théologie. Voici comment il apprécie ce temps de préparation aux saints Ordres : « J'ai encore vivant le souvenir de mon Grand Séminaire, où mon bonheur a été si grand que je n'en ai jamais trouvé ailleurs un pareil. » La science sacrée lui plaisait parce qu'il y trouvait un aliment solide à la piété ; il était là « dans son élément », et il y avait un succès très remarqué de ses maîtres et de ses condisciples. Plus grands encore parurent ses progrès dans la vie surnaturelle, à en juger par cette confidence que nous retrouvons dans une lettre intime, écrite à soixante ans de là : « Quand j'entrai au Grand Séminaire de Mont-Ferrand, j'avais bien des fautes à me reprocher ; mais j'avais une tendre dévotion pour saint Louis de Gonzague, sans que je puisse dire comment elle m'était venue. Ce qui me préoccupait le plus, c'était d'avoir une contrition semblable à celle qu'il témoigna à Dieu. Une nuit qu'il faisait clair dans ma chambre comme en plein jour, ce saint m'apparut au pied de mon lit, me regardant avec bonté, et il me donna l'assurance que je serais sauvé. Je lui demandai quel serait mon état, et il me répondit que je deviendrais missionnaire, et que je vivrais dans un grand séminaire ; puis il passa à ma droite et s'inclina, comme quelqu'un qui aurait voulu me témoigner une grande bienveillance. C'est la première fois que j'écris ceci, quoique j'en ai parlé dans une confession générale. » Ces lignes furent probablement les dernières tracées de sa propre main, car la lettre qui les contenait fut laissée inachevée quand il partit pour son dernier voyage à Constantine ; on la trouva sur son bureau après sa mort. Apparition réelle, ou jeu de l'imagination, cette scène mystérieuse n'en manifeste pas moins les tendances d'une âme heureuse d'avoir *sa conversation dans le ciel* (1). Le jeune lévite avait déjà l'habitude de la prière.

Il reçut les saints Ordres à Clermont, dans de grands sentiments de ferveur, jusqu'au diaconat inclusivement ; mais il fut ordonné prêtre à Saint-Sulpice à Paris, le 18 mai 1818, par Monseigneur de Quélen, encore évêque de Samosate *in partibus*, et coadjuteur de Monseigneur l'archevêque. Son dessein était de se fixer dans la société des Missionnaires de France, fondée par M. Rauzan. Il y entra affectivement et prêcha quelques missions dans les principales villes du midi de la France, à

1. Philip., III, 20.

Aix, à Marseille, à Toulon, à Avignon. C'est probablement à cette époque qu'il faut placer son voyage à Rome et à Mugnano, où l'on vénérait les reliques de sainte Philomène. Il est à croire que ce pèlerinage, dont il ne parlait cependant jamais, ne contribua pas peu à lui inspirer, pour l'illustre Thaumaturge, la singulière dévotion dont il sera parlé plus tard.

Sans doute, des obstacles imprévus l'obligèrent à changer de résolution, et à revenir dans son diocèse, car nous l'y trouvons se livrant avec zèle à l'œuvre des missions de concert avec M. Croizier, depuis évêque de Rodez et M. Giraud, mort cardinal, archevêque de Cambrai. Ces deux noms appelés à une juste célébrité, n'ont pas fait oublier aux populations évangélisées celui de M. Girard, s'il faut s'en rapporter à des souvenirs encore vivants. Nous avons d'ailleurs une preuve authentique de l'éclat de cette prédication dans les lettres dimissoriales que lui délivra Monseigneur de Dampierre, son Évêque, au mois d'août 1824. En effet, après la formule ordinaire et un éloge spécial de la doctrine et de la conduite exemplaire du jeune prêtre, le pontife ajoutait, on pourrait dire, d'une main reconnaissante, qu'il fut un prédicateur *illustre et zélé* de la parole de Dieu : *et illustrem studiosumque... præconem fuisse.* Muni de cette éloquente attestation, qui dut lui être donnée à regret, il revint à Paris, où il continua à travailler au salut des âmes dans l'exercice du ministère ordi-

naire. Il fut successivement vicaire à Saint-Phi-
lippe-du-Roule, aumônier à l'hôpital Beaujon et
dans plusieurs pensionnats de demoiselles. Quels
furent les succès de ce prêtre, « d'un mérite incon-
testé sous tous les rapports », selon l'expression
de l'un de ses confrères, le R. P. Pététot aujour-
d'hui supérieur des Prêtres de l'Oratoire, nous
sommes réduits à en juger par ceux qu'il avait ob-
tenus en Auvergne et ailleurs, car sa modestie lui
imposa toujours sur ce point un silence inviolable.
Quoi qu'il en soit, ces quelques années passées **dans**
la capitale ne parurent qu'une halte dans la voie
tracée d'avance par la main de la Providence ; elle
le voulait dans la Congrégation de la Mission, et
c'est là que désormais il déploiera de rares qualités
naturelles, et les dons les plus élevés de la grâce.

Sa vocation, a-t-il raconté lui-même, se manifesta
à l'occasion des splendides fêtes, célébrées à Paris
au mois d'avril 1830, pour la translation des
reliques de Saint-Vincent. Il assista dans les rangs
du clergé à cette belle procession du 25 qui fut un
vrai triomphe pour la religion, et, pendant l'octave
de cette solennité, il fut député à Saint-Lazare
pour célébrer la sainte Messe à l'autel de notre
bienheureux Père. Là, une voix secrète lui parla
au cœur ; une attraction mystérieuse commença à
attirer doucement son âme. Il devait s'y attendre,
puisque, selon l'expression de la sainte liturgie, il
avait demandé de se laisser *entraîner par les
parfums de cette charité que respirent encore*

ces cendres vénérées ! Néanmoins, il ne céda point immédiatement à cette secrète invitation, et ce fut seulement le 6 novembre 1834, jour anniversaire de son baptême, qu'il entra au Séminaire interne... « M. Boulangier, à qui je fus présenté, écrivait-il en 1874, m'objecta mon âge de quarante ans. Je lui répondis que j'étais bon pour vingt ans ; et il y en a aujourd'hui quarante que je suis Lazariste, et trente-un que je suis venu à Alger. » Il a donc largement tenu sa promesse.

Il aimait aussi à rappeler une leçon que lui donna spirituellement le vénérable M. Le Go, peu de temps après son arrivée : « Je voudrais savoir, dit le séminariste qui n'avait pas perdu toutes les habitudes élégantes de l'aumônier, ce que c'est que la simplicité ? » — C'est de couper la queue de votre soutane. — La définition était claire, elle fut comprise. Dès ce jour tout, jusqu'à la chaussure inclusivement, devint conforme à nos usages modestes ; il prit cette tenue simple, digne, irréprochable que nous lui avons connue et qu'il tâchait de conserver, malgré ses infirmités, jusque dans son extrême vieillesse. Peut-être même poussa-t-il un peu trop loin le désir de profiter de cette leçon de simplicité, car il retrancha désormais de sa prédication tout ce qui pouvait paraître une recherche de l'éloquence humaine. Il eut le bonheur d'avoir pour guide dans la formation de sa nouvelle vie M. Jean-Gabriel Perboyre, alors directeur du Séminaire interne, et, quatre ans

plus tard, martyr de la foi en Chine. On ne lira
pas sans édification le jugement que le disciple
portait alors du maître : (1)

« J'avais, depuis bien des années, le désir de
voir un saint avant de mourir, cette idée m'était
venue en lisant la vie des saints, je pensais que
leurs historiens n'avaient été que leurs apologistes
et s'étaient évertués à cacher leurs défauts pour
en faire des personnages sans faiblesse et sans
imperfections.

« J'avais rencontré plusieurs hommes estimés et
dignes de l'être, mais il manquait à tous quelque
chose pour ressembler aux saints canonisés par
l'Église : enfin je fis la connaissance de M. Perboyre en 1834, au mois d'octobre. Tout en lui me
frappa dès le commencement ; je l'étudiai et bientôt je rendis grâce à Dieu de ce que j'avais été
assez heureux pour voir un saint avant de mourir ;
je le disais même à mes amis de Paris qui cependant
ne le connaissaient pas : maintenant je connais un
saint et je sais ce que c'est qu'un saint vivant.

« M. Perboyre menait vraiment la vie d'un saint
au séminaire. La première fois que je le vis, il me
fit une impression singulière ; il était posé auprès
de M. Étienne, mais avec une soutane si pauvre,
quoique propre, avec un air si humble et si modeste, que je le pris pour le cuisinier de la maison :

____

1. *Annales de la Congrégation de la Mission*. Tome XLIV,
page 401.

ce qui m'avait donné cette étrange idée, c'est que j'avais pris pour marque de respect envers M. Étienne, que je croyais le supérieur de tous, ce qui était en lui une tenue de tous les jours.

« Quand M. Perboyre fut sorti, je demandai à M. Étienne ce que c'était que ce prêtre, il me répondit que c'était le directeur des novices. J'eus de la peine à le croire, parce que sa personne n'avait rien d'imposant, mais aussi je me mis à étudier un homme si pauvre qui occupait un emploi si important, et je vis bientôt que toute sa beauté était intérieure.

« Il avait à peu près toujours les habits les plus pauvres de tout le séminaire, et, en le voyant si oublieux de lui-même, il n'y avait pas de séminariste qui osât être mécontent de son habit.

« Quand on le regardait de près, on voyait qu'il accueillait toutes les dévotions avec calme, n'en rejetait aucune, les prenait un peu pour lui, les laissait prendre davantage aux autres, mais la sienne dominante, fixe et invariable, c'était la dévotion envers Notre-Seigneur. On ne pourrait pas dire s'il avait plus de dévotion pour Jésus dans sa vie publique, sa vie souffrante ou sa vie eucharistique, parce que toujours occupé de Notre-Seigneur, il se plaisait devant le Saint Sacrement, il s'y tenait dans un profond anéantissement, il en sortait toujours plus anéanti et plus indigné contre lui-même. J'avais remarqué qu'en revenant de visiter le Saint Sacrement, il parlait encore moins qu'à l'ordinaire ; s'il disait quelques paroles, elles portaient le cachet d'un profond mépris de lui-même, et il y a apparence que la méditation des vertus de Jésus caché le confondaient. Sa physionomie, ordinairement rouge, s'enflammait davantage devant le Saint Sacrement, et il avait de quoi représenter un séraphin dont il avait l'âme et la figure. Il avait coutume de nous expliquer, les lundis, les épîtres de saint Paul ; ce qu'il nous disait était profond ; c'était vraiment du saint Paul sur Jésus-Christ.

« Jésus-Christ était le sujet ordinaire de ses entretiens, mais il avait des pensées si profondes, qu'il s'en tenait à développer un seul verset.

« C'était un homme de Dieu en tout et un homme profond qui n'excitait en rien votre attention par ses dehors. Il se cachait naturellement et aussi par le sentiment profondément gravé de son incapacité. Si on lui faisait une question sur un point délicat, il ne se hâtait pas de vous répondre, et il paraissait qu'il n'avait pas de réponses toutes faites pour les questions ; il les élaborait toutes dans son jugement et dans la prière. Aussi ne faisait-il pas de fautes, et ses paroles étaient pleines de sagesse : doux, ferme, constant, il allait à son but sans bruit. Sa patience était invincible. Il parlait peu, rarement du prochain et toujours en bien, souvent de Dieu et jamais de lui-même.

« Ce qu'il y a de bien remarquable dans M. Perboyre, c'est qu'il était sans défaut. Il a passé par plusieurs maisons, vécu avec bien des confrères :

cependant c'est une opinion reçue qu'on peut interroger tous ceux qui l'ont connu, ils répondront d'un commun accord qu'il n'avait point de défaut. »

Ce fut M. Girard qui assista M. Salhorgne à ses derniers moments. Comme il veillait seul auprès de son lit pendant la nuit, s'apercevant que le malade baissait sensiblement, il lui dit avec courage et simplicité : « Monsieur le Supérieur et très honoré Père, désirez-vous recevoir les derniers sacrements? — Mais, mon fils, rien ne presse, et l'heure n'est pas encore venue. — Mon Père, puisque je vous les propose, tirez vous même la conclusion. — Eh bien, mon fils, je m'en remets à votre appréciation, que la sainte volonté de Dieu s'accomplisse! » Et aussitôt il donna au pieux malade le sacrement des mourants. Successivement missionnaire à Amiens, directeur spirituel au collège de Montdidier, missionnaire à Tours, directeur des novices en Irlande, il s'acquitta dignement de ces diverses fonctions. Partout il a laissé d'impérissables souvenirs de son zèle, de sa régularité, de sa rare capacité dans la direction des âmes. Voici le touchant tribut de reconnaissance que la province d'Irlande a cru devoir payer, par la plume de l'un de ses enfants, à celui qui sut les initier avec tant de succès à l'esprit de notre saint Fondateur (1) :

1. *Annales de la Congrégation de la Mission* Tome XLIV, page 404. Lettre de M. Mac Namara, Supérieur du Séminaire des Irlandais, à Paris.

« Ayant appris qu'il était question d'écrire une notice sur la vie du vénérable M. Girard, visiteur d'Alger, j'ose espérer que vous voudrez bien me permettre d'ajouter à ce mémoire un léger tribut de respect et reconnaissance, que j'ai à cœur de rendre à ce très digne fils de saint Vincent, au nom de la province irlandaise de la Congrégation.

« Avant que la Congrégation de la Mission fût établie en Irlande, quelques jeunes ecclésiastiques, animés d'un ardent désir de fonder dans leur pays un institut, en tout pareil à celui de saint Vincent de Paul, s'étaient réunis en communauté, afin d'étudier à fond les constitutions et les règles de l'ordre qui faisait l'objet de leur admiration. J'étais de ce nombre, et je puis, par conséquent, rendre témoignage du zèle avec lequel nous poursuivions notre but : comprenant que la première condition de succès était de bien nous pénétrer de l'esprit du bienheureux fondateur, notre soin principal était d'imiter ses vertus et ses exemples. Mais nous avions besoin de quelque chose de plus, il nous fallait un exemple vivant, quelqu'un qui représentât personnellement le type d'un vrai disciple de saint Vincent et dont la conduite, aussi bien que les enseignements, pussent nous indiquer sûrement la route à suivre, afin de nous rendre dignes de la vocation, vers laquelle nous nous sentions puissamment attirés. Nous adressâmes une demande, à cet effet, à M. Nozo, Supérieur général de la

Congrégation ; il y accéda, et nous envoya M. Girard, alors employé à la Mission de Tours.

« Jamais choix ne fut plus heureux : c'était un homme entre mille, et les missionnaires d'Irlande n'ont pas cessé, depuis ce jour, de bénir Dieu de la grande grâce qu'il leur a faite, en leur donnant pour premier directeur un modèle si parfait des vertus de leur saint état.

« Je n'oublierai jamais le soir qu'il arriva parmi nous ; quoique trente-neuf ans se soient écoulés depuis, ma mémoire me rappelle distinctement les moindres détails qui se rattachent à cette circonstance, et toutes les émotions que je ressentis alors se réveillent au fond de mon cœur. Mais quelle douleur, quand je pense que de tous ceux qui se pressaient autour de lui, en lui témoignant, par leur affectueux accueil, la joie causée par son arrivée parmi nous, il ne reste plus maintenant ici-bas que Mgr Lynch et moi !

« Nous étions alors des novices, ayant pour supérieur M. Dowley, un digne et saint prêtre, qui avait eu l'avantage de passer quelque temps à la maison mère de la Congrégation, à Paris, ainsi qu'un autre de nos confrères ; tous deux s'efforçaient de nous initier aux règles et usages de la communauté, tels qu'ils les avaient vus et pratiqués, pendant leur séjour à Saint-Lazare. Par conséquent, la tâche confiée à M. Girard était de remplir auprès de nous l'office de directeur du séminaire, et de nous préparer à être admis définitivement dans la Congrégation de la Mission, après une épreuve suffisante. Comprenant parfaitement l'importance de cette tâche, il se mit à l'œuvre avec un zèle éclairé, discret et persévérant, n'ayant d'autre but que de faire de nous de vrais missionnaires, et se rappelant que l'avenir de la Congrégation en Irlande était en quelque sorte entre ses mains, puisque tout dépendrait, après Dieu, de la formation qu'il donnerait à ses premiers membres. Cette pensée qu'il ne perdit jamais de vue lui servit de stimulant et d'encouragement, pour remplir une tâche qui n'était pas exempte de difficultés. Je dois même avouer que sa situation était extrêmement délicate. L'étude que nous avions faite de la vie et des vertus de notre saint Fondateur, le point de vue un peu austère sous lequel nous considérions les règles de la Congrégation, la haute idée que nous avions de la sainteté de l'institut, tout cela nous portait à attendre la plus grande perfection de celui qui venait au milieu de nous, pour être notre modèle et notre guide, et pour nous former à la vie et aux œuvres que nous nous proposions d'embrasser. Donc, sans être disposés à la censure, nous étions préparés à l'examiner de très près. Malgré cela, nous pûmes bientôt nous convaincre qu'il possédait toutes les qualités que nous pouvions désirer, et cela dans un degré qui surpassait même notre attente. Il répondait parfaitement au tableau que nous nous étions fait d'un vrai missionnaire selon le cœur de saint Vincent, par l'heureux mélange, qui brillait dans toute sa conduite, des cinq vertus fondamentales de notre état.

« Sa simplicité était si vraie, si naturelle, qu'il suffisait de le voir pour le connaître. Dès la première entrevue, on se sentait complètement à l'aise avec lui. Tout en lui, ses paroles, le ton de sa voix, ses manières, étaient empreintes de simplicité, à un tel degré, qu'il aurait été impossible de le soupçonner de la moindre chose contraire à la plus parfaite sincérité. Simple comme la colombe, il était aussi prudent comme le serpent. En vérité, les circonstances, dans lesquelles il se trouvait, exigeaient une prudence plus qu'ordinaire. Il était le seul français parmi nous ; or tout le monde sait qu'il est assez difficile de conserver la paix entre personnes de différentes nationalités ; chacun a sa manière de juger et d'apprécier les choses, selon le point de vue, d'où il les considère, ou selon l'idée qu'il en conçoit. Ainsi, cet excellent confrère avait tous les jours sous les yeux, des choses qui, d'après son éducation française, devaient lui paraître très singulières ; mais il voyait, ou croyait voir, en même temps, une si grande sincérité, et tant de bonne volonté de notre part, qu'il prit le sage parti de ne pas blâmer notre manière d'agir, sans s'être rendu compte des motifs qui nous animaient, pensant avec raison qu'il ne pouvait pas former un jugement correct, sans connaître les mœurs et les habitudes du pays. Au lieu de s'arrêter à la surface des choses, il allait jusqu'au fond, ne craignant pas de demander des explications, et se montrant toujours prêt à faire les concessions légitimes dont il reconnaissait la nécessité ou l'utilité.

« Je me rappelle que, quelques mois après son arrivée en Irlande, je lui dis un jour : M. Girard, voilà maintenant quelque temps que vous êtes avec nous ; vous avez eu les yeux ouverts pour juger par vous-même de nos mœurs et de nos habitudes ; vous avez vu sans doute bien des choses qui vous auront frappé, comme étant opposées au caractère français ; maintenant, mettant de côté les choses de peu d'importance que vous avez pu remarquer, je désirerais savoir quels sont les traits les plus saillants qui, selon vous, marquent la différence entre le caractère français et irlandais ? — Vous m'adressez une question, répondit-il, que je me suis faite bien des fois à moi-même. Eh bien, je vous dirai la réponse qui m'est venue à l'esprit ; c'est que les français sont plus démonstratifs, et les irlandais plus persévérants. »

« Je me souviens encore aujourd'hui, et avec non moins d'émotion qu'alors, la profonde impression que j'éprouvai, lorsque immédiatement après son départ d'Irlande, envisageant l'ensemble de sa conduite parmi nous, tout ce qu'il avait fait et dit, ses conversations et ses entretiens familiers avec nous, je ne pus pas me rappeler un seul acte ni une seule parole, qui eût la plus légère couleur d'indiscrétion.

« Quant à l'humilité, notre digne directeur aurait pu nous dire ce que saint Paul disait jadis aux premiers chrétiens. « Soyez mes imitateurs, comme je le suis moi-même de Jésus-Christ. (1) » Jamais il ne voulut se prévaloir de la prééminence que lui donnait le poste qu'il occupait au milieu de nous ; jamais il ne voulut prendre la place du supérieur, ni présider les exercices de communauté, à l'exception de la conférence et du chapitre du vendredi, ce qu'il ne pouvait pas se dispenser de faire, étant le seul qui eût fait les saints vœux parmi nous ; mais il souffrait de cette nécessité et il cherchait à s'en dédommager, en se prosternant profondément, baisant la terre, et s'accusant de ses manquements, dans des termes qui faisaient assez voir jusqu'où il portait le mépris de lui-même. Si sa place ne lui était pas assignée, il se mettait toujours derrière les autres, au dernier rang, de sorte que nous étions constamment obligés de l'inviter à prendre la place qui lui appartenait. En un mot, toute sa conduite était un exemple continuel et uniforme de la vertu d'humilité. Il possédait de rares talents pour la conversation, et nous l'écoutions avec avidité, mais il fallait le contraindre, en quelque sorte, à prendre la parole, et avoir recours à des stratagèmes, pour qu'il s'étendît sur un sujet quelconque.

« Il avait exercé le ministère pendant plusieurs années, avant d'entrer dans la Congrégation ; sa vie était remplie d'incidents intéressants et édifiants, dont la relation aurait pu charmer nos

1. Cor., c. IV, v. 16.

récréations, d'autant plus qu'il avait un vrai talent pour la conversation ; mais il se tenait telle-ment sur la réserve, lorsqu'il s'agissait de lui, par la crainte que quelque sentiment de vanité ne se glissât dans son esprit, que nous avions beaucoup de peine à l'amener à nous entretenir de ses ex-périences personnelles, et il évitait soigneuse-ment de parler de quoi que ce soit qui le concer-nait. Ainsi, jamais nous n'aurions su qu'il avait été à Rome, si l'un de nous, qui en avait quelque soupçon, ne se fût hasardé un soir, à la récréa-tion, de le lui demander. Encore, ne répondit-il que par un sourire modeste, et un air confus et embarrassé, qui nous amusa un peu, car nous comprenions bien la cause de sa confusion. Un autre, au contraire, se serait glorifié d'avoir fait un voyage, qui offrait bien plus de difficultés à cette époque que de nos jours, et qui, par consé-quent, était regardé comme un fait important dans la vie d'un homme.

« Lorsqu'il vint parmi nous, il était dans sa qua-rante-huitième année, mais il avait la vigueur et l'énergie d'un âge moins avancé. Ses traits étaient réguliers, son front élevé, son expression gracieuse, sa tête presque chauve. Sa physionomie était si ou-verte qu'elle était, pour ainsi dire, un miroir transpa-rent dans laquelle se reflétait son âme tout entière, et la sérénité de son visage était un indice de la paix céleste qui régnait au dedans, et que nulle contra-riété ne pouvait altérer.

« Que ne devait-il pas souffrir, cependant, dans un pays étranger dont il ne connaissait pas la langue, et dont les habitudes étaient naturellement différentes des siennes ? Il y a mille petites choses dans le détail de la vie, qui rendent le séjour à l'étranger très pénible ; ce ne sont que de petites choses, si l'on veut, mais ces petits sacrifices constamment répétés, ce renoncement quotidien à ses goûts, à ses habitudes, fatiguent la nature et exercent souvent une fâcheuse influence sur le caractère. Il n'en était pas ainsi pour ce digne confrère ; loin de donner le moindre signe d'ennui ou de mécontentement, il était toujours de bonne humeur, toujours heureux, et d'une affabilité parfaite ; nous éprouvions tant de charmes à converser avec lui, soit en particulier, soit en famille, que nous nous félicitions souvent du don que Dieu nous avait fait, en envoyant parmi nous un homme, qui participait, si largement, à la mansuétude du divin Maître. S'agissait-il d'accorder une grâce, il en doublait le prix par ses paroles suaves et gracieuses. Fallait-il, au contraire, donner un refus, il s'excusait avec tant de bonté de ne pouvoir satisfaire le désir qui lui était exprimé, qu'on ne sentait pas la peine du refus.

« Tous les ecclésiastiques qui fréquentaient notre maison étaient frappés de sa douceur et de son invariable sérénité, en particulier le vénérable archevêque de Dublin, Monseigneur Murray, un prélat de grand mérite et de grande vertu, considéré,

dans toute l'Irlande, comme le digne émule de saint
François de Sales. Il témoigna toujours la plus
sincère estime pour notre bon confrère et comme
c'est un fait reconnu, que « ceux qui se ressemblent s'assemblent », nous n'étions pas étonnés de
voir l'attrait réciproque qui existait entre l'imita-
teur du doux évêque de Genève, et l'humble fils
de saint Vincent de Paul.

« Je n'ai pas oublié, et jamais je n'oublierai, une
conférence qu'il nous fit sur la mortification. Ce
qui donnait de la force à ses paroles, c'est que
tout ce qu'il disait était appuyé par ses exemples ;
il n'enseignait que ce qu'il pratiquait. Il est difficile, on le sait à quarante-huit ans, de s'accom-
moder à un changement de nourriture, sans que
l'estomac en souffre plus ou moins ; pour un jeune
homme, c'est la moindre des choses, mais à cet
âge, on n'adopte pas impunément de nouvelles
habitudes. Nous le comprenions, et pour cette raison, nous nous étions arrangés afin que ce vénéré
confrère fût servi à table, *à la française;* mais
il fut impossible de lui faire accepter la moindre
particularité ; il se mit au train commun en tout,
ne faisant qu'une légère collation le soir comme
nous, et ne prenant que de l'eau à ses repas, selon
la coutume du pays ; seulement, après dîner, nous
prenions tous ensemble un verre d'eau et de vin
sucré. Pour le dîner, il se contentait d'un seul
plat et ne mangeait que très peu. Nous ne fûmes
pas longtemps à nous apercevoir, par sa mine

allongée, que sa santé se ressentait du changement de régime ; mais son amour de l'uniformité
l'emporta sur toute autre considération, et rien ne
put le décider à s'écarter de la ligne de conduite
qu'il s'était tracée à cet égard.

« Quant à la curiosité, on aurait dit que c'était un
sentiment qui lui était inconnu. Qu'y a-t-il de plus
naturel, lorsqu'on voyage, ou qu'on est à l'étranger, que de regarder autour de soi, soit pour considérer l'aspect physique du pays, soit pour s'instruire des mœurs et habitudes des habitants ?
N'est-ce pas un moyen très légitime d'acquérir
d'utiles connaissances, d'élargir ses idées, et de
faire des progrès dans les sciences ? Mais M. Girard
n'était pas venu en Irlande pour tout cela : remplir la mission qui lui avait été confiée, voilà ce
qui l'occupait et ce qui absorbait toutes ses pensées : le reste semblait lui être complètement
indifférent. Quoique Dublin ne fût qu'à une petite
distance, une lieue à peine, je ne me rappelle pas
qu'il y soit allé une seule fois ; il ne fit que traverser notre belle capitale, en arrivant et en partant, sans s'être accordé le plaisir de visiter ses
églises ou monuments.

« C'est ainsi qu'il immolait au devoir, en toute
rencontre, les satisfactions de la curiosité, et de l'intérêt personnel. Sa petite cellule était réellement
son « *hic habitabo, quoniam elegi eam* » ; il ne
la quittait guère, que lorsque les exercices com-
muns, ou des devoirs de communauté, réclamaient

sa présence ailleurs. La vigilance continuelle qu'il exerçait sur ses sens, et la retenue qu'on remarquait dans sa conduite faisaient voir combien il travaillait à assujettir la nature corrompue à l'empire de la raison et de la religion, selon cette maxime du grand Apôtre : « Si vous vivez selon la « chair, vous mourrez ; mais si vous faites mourir « par l'esprit les actions de la chair, vous vivrez (1). »

« Dans les conférences spirituelles qu'il nous adressait, ce zélé directeur ne perdait pas de vue que sa parole n'était pas destinée à porter son fruit uniquement dans les cœurs de ceux qui avaient l'avantage de l'écouter. Entrant dans les vues de la Providence à notre égard, il comprenait que nous étions rassemblés, par un effet particulier de la miséricorde divine, afin de former un institut qui nous survivrait, et dont les œuvres embrasseraient, dans la suite des temps, tout le pays, d'une extrémité à une autre. Son zèle avait donc une grande étendue, puisque ses instructions devaient produire leur effet dans ceux qui continueraient à évangéliser les âmes, après nous, parmi un peuple que son grand esprit de foi et de piété rendait susceptible de profiter largement des travaux des missionnaires. En conséquence, il préparait ses conférences avec autant de soin que si ses auditeurs eussent été au nombre de cent.

« Sa parole était facile et coulante ; ses expres

____

1. Rom. c. VIII, v. 13.

sions étaient bien choisies, et son style, dépourvu de toute espèce d'affectation, avait une certaine éloquence naturelle qui allait au cœur. Il excellait surtout dans les explications didactiques, qu'il faisait d'une manière nette et claire, se servant d'images et de comparaisons pour représenter ses idées d'une manière sensible et palpable, de sorte que ce genre d'instruction n'avait rien de fade ni d'insipide; du reste, il avait grand soin de les entremêler de réflexions d'un ordre surnaturel, qui soutenaient l'intérêt et excitaient la piété. Sachant combien l'efficacité d'un discours dépend de la force et de la chaleur de la conclusion, il se laissait aller, en terminant ses conférences, à tout le zèle dont il était animé pour la sanctification du « *pusillus grex* » auquel il s'adressait, et il nous parlait avec tant de piété et d'onction, que nous en étions tous pénétrés. Je me rappelle qu'une fois, en sortant de la conférence, un confrère m'arrêta en me disant : « N'avez-vous pas été saisi de ce que nous venons d'entendre? Pour moi, je n'ai jamais été si touché de ma vie, ce qui m'étonne d'autant plus, que je ne croyais pas qu'un discours en langue étrangère pût jamais produire sur moi une pareille impression! »

« Mais il n'en était pas de M. Girard, comme d'un prédicateur ordinaire, qui fait un beau discours, et puis qui disparaît. Il était au milieu de nous, suivant la vie commune avec nous, et nous avions le grand avantage de voir comment il mettait en pratique tout ce qu'il nous prêchait, car il suivait l'avis de saint Paul à Timothée : « Rendez-vous « l'exemple et le modèle des fidèles dans les entre- « tiens, dans la manière d'agir avec le prochain, « dans la charité, » etc. (1), étant convaincu que « saint Léon a eu raison de dire, « que l'exemple est « plus puissant que la parole, et que c'est une ma- « nière plus parfaite d'enseigner par action, que « verbalement (2). »

« J'ai déjà parlé de sa fidélité à éviter toute marque de distinction ou de prééminence ; il faisait encore plus, se soumettant à la règle jusque dans ses moindres détails, et dans des choses dont il était exempté. Ses lettres, on le comprend, n'étaient pas sujettes à l'inspection du supérieur, mais mal- gré les protestations de ce dernier, il l'obligeait, en quelque sorte, à prendre connaissance de toutes celles qu'il recevait ou écrivait, et il n'aurait pas été content s'il n'avait accompli ce point de la règle, aussi bien que les autres.

« Cette exactitude minutieuse au devoir ne prove nait pas en lui d'un esprit étroit, porté au scrupule. Il avait au contraire des idées larges, ainsi qu'il le prouva dans bien des occasions, entre autres, en celle-ci : Un grand mouvement se faisait alors, en Irlande, pour arrêter l'intempérance parmi le peuple. Un de nos confrères, appelé par son minis- tère à prendre une part active dans ce mouvement,

1. Tim. c. VI, v. 12.
2. Sermon de la fête de saint Laurent.

s'était distingué par son zèle, et avait enrôlé
quelques milliers d'hommes dans une société,
dite de tempérance. Le jour de saint Patrick, la
grande fête nationale, approchait ; ces braves gens,
voulant paraître avec éclat dans la procession
générale, qui devait parcourir toute la ville de
Dublin, demandèrent que leur président (notre
confrère) parût en tête de la procession dans une
voiture découverte, traînée par six chevaux blancs,
précédée d'une troupe de musiciens, jouant les
airs nationaux. Jamais proposition ne fut plus
embarrassante ; d'un côté, il fallait à tout prix
encourager ces hommes, et donner son appui à un
mouvement de la plus haute importance, au point
de vue moral et religieux ; de l'autre, comment un
fils de l'humble saint Vincent de Paul pouvait-il
consentir à être promené, ostensiblement, à travers les rues de la métropole d'Irlande, en spectacle à tous les curieux ? Notre avis était de refuser ; cependant pour agir plus sûrement, nous
exposâmes la question à M. Girard, avec les
motifs pour et contre ; il réfléchit quelques moments, pesa tout cela dans son esprit, puis, se
prononça nettement, mais avec beaucoup de modestie, en faveur de la Société. La circonstance
étant tout à fait exceptionnelle, il lui semblait
nécessaire de donner tout l'éclat possible à la
démonstration publique dont il s'agissait, et que ce
qui aurait été ridicule ou déplacé, en temps ordinaire, était à propos en celui-ci, comme devant

contribuer à maintenir l'élan populaire, qui entraînait les hommes dans le chemin de la vertu. Il
trouvait la justification du confrère en question,
dans ces paroles de saint Paul : « J'ai été imprudent, c'est vous qui m'y avez contraint (1). » Il fut
donc décidé que notre pauvre confrère acquiesce-
rait au désir qui lui avait été exprimé, et nous
eûmes le spectacle, un peu amusant, de le voir
conduit en triomphe dans un équipage magnifique,
ayant tous les yeux fixés sur lui, et suivi de légions
innombrables de nos bons citoyens, glorieux de
rendre ainsi hommage à la vertu de tempérance,
au jour de la fête du grand apôtre et patron de
l'Irlande.

« Comme je l'ai dit déjà, M. Dowley, notre supérieur, avait fait une partie de son séminaire à
Paris. Le temps étant venu, où il devait prononcer
ses vœux, et se donner définitivement à la Congrégation de la Mission, notre petite famille fut
agrégée, par ce fait, à la grande famille de saint
Vincent, et la tâche de M. Girard parmi nous se
trouvant terminée, il fallut nous résigner à lui
dire adieu. Mais la reconnaissance que nous lui
avons vouée est éternelle, et le nom du vénérable
visiteur d'Alger sera toujours cher aux missionnaires irlandais. Pour moi, qui ai eu le bonheur
d'être formé, dans mes jeunes années, par ses
instructions et ses exemples édifiants, jamais je

1. II Cor., c. XII, v. 11.

n'oublierai ce que je lui dois, et sa mémoire res-
tera gravée dans mon cœur jusqu'à mon dernier
soupir. »

Toutefois, le ciel le destinait à d'autres travaux
sur une terre nouvellement devenue française; il
lui était réservé, par une grâce insigne, de continuer en Algérie les traditions de dévouement,
léguées à leurs frères par les derniers missionnaires de la Barbarie.

CHAPITRE TROISIÈME

MISSION D'ALGER. — ÉTABLISSEMENT DES PRÊTRES
DE LA MISSION ET DES FILLES DE LA CHARITÉ. —
DÉPART DE M. GIRARD. — ARRIVÉE A ALGER.
— MINISTÈRE QU'IL Y EXERCE.

Les religieuses de Saint-Joseph de l'Apparition,
établies depuis peu de temps à Alger, avaient été
chargées de l'Hôpital civil, et de la Miséricorde
où un grand nombre de petites filles venaient recevoir l'instruction.

Elles avaient aussi réuni dans une maison à
Mustapha-Supérieur quelques orphelins. Or un
conflit, qui dura plusieurs années, s'éleva entre
l'autorité ecclésiastique et cette communauté. Les
dames de charité, organisées en société par Monseigneur Dupuch, prirent parti pour le véné-

rable prélat ; le gouvernement, qui intervenait alors facilement dans toutes les questions, s'en mêla, et finalement décida que les sœurs de Saint-Joseph se retireraient. Néanmoins, comme on ne voulait pas abandonner le bien qu'elles avaient commencé, on s'occupa de les remplacer, mais par qui? Là se trouvait l'hésitation. Après beaucoup de pourparlers, il demeura décidé qu'on s'adresserait aux filles de la Charité de saint Vincent de Paul, et que M. Dagret, vicaire général, irait en faire la demande à Paris. Il partit donc avec les pleins pouvoirs de Monseigneur d'Alger. La Communauté ne se refusa pas à cette œuvre lointaine ; mais elle y mit pour condition rigoureuse que les prêtres de la Mission auraient aussi un établissement régulier, et seraient chargés de leur direction. Ce fut un obstacle qui parut un instant insurmontable, car, si d'un côté l'État redoutait d'introduire de nouveaux agents de prosélytisme, de l'autre, l'autorité ecclésiastique devait craindre, en acceptant facilement les services d'une Congrégation, d'accréditer les jugements de l'opinion, peu favorables au clergé séculier. Le roi Louis-Philippe, à qui l'affaire fut portée, se prononça pour l'affirmative. En conséquence, un traité fut signé le 27 juillet 1842, par le ministre de la guerre, le maréchal Soult, par M. Dagret, au nom de l'évêque d'Alger, par M. Étienne, encore procureur général, au nom de la Congrégation de la Mission et des Filles de la Charité. Il y était stipulé que les Lazaristes, outre la direction des sœurs et des enfants de la Miséricorde, devaient recevoir, dans leur maison, les jeunes gens se destinant à l'état ecclésiastique : clause providentielle qui renfermait le germe d'un grand séminaire ! Par suite de cette convention, M. Étienne vint visiter et reconnaître les lieux. Il se trouvait le 15 août suivant à Alger, et ce jour-là même, il prêcha à la cathédrale. Le comte Guyot, directeur de l'intérieur, fut particulièrement bienveillant ; il lui offrit pour les Missionnaires une maison dans une des impasses de la rue Philippe, et, par ses ordres, on s'engagea à y construire huit cellules pour les futurs séminaristes. Cependant un orphelinat confié récemment aux RR. PP. Jésuites, et placé au Danemark dans la campagne de l'évêque, continua à s'appeler, devant le public, le Séminaire : on retranchait les adjectifs qualificatifs *petit* et *grand*, le premier par prudence, à cause qu'il n'a pas de valeur légale, le second par modestie, parce que tout le personnel se composait d'un seul théologien, encore se trouvait-il à Aix, métropole du nouveau diocèse. Jusque-là Monseigneur l'évêque n'avait encore ordonné que trois prêtres, dont aucun ne s'est fixé en Algérie.

« Lorsque M. Étienne fut de retour à Paris, dit M. Girard, on s'occupa dans les deux communautés du choix des sujets qui devaient commencer cette mission. On nomma quatre prêtres : M. Viallier, supérieur, M. Mathieu professeur de dogme,

M. Domingo, professeur de morale et confesseur des Espagnols, M. Bricet, pour les chrétiens du Levant parce qu'il avait été préfet apostolique à Constantinople. Les deux premiers arrivèrent à Alger le 13 novembre 1842; les deux autres les suivirent de près. Les sœurs de l'hôpital débarquèrent le 24 du même mois, et celles de la Miséricorde, vers la fête de Noël de cette même année.

« L'installation faite par M. Viallier fut très laborieuse; des obstacles se rencontraient partout. Onze mois se passèrent dans les constructions, et aussi dans les tribulations de tout genre. Vers la fin du carême, il lui vint un élève du diocèse de Pamiers; après Pâques, un autre de Meaux, et un troisième un peu plus tard. Ces séminaristes recevaient quelques leçons de théologie, prenaient leurs repas avec les missionnaires, sortaient en ville, à peu près quand ils voulaient; Monseigneur les requérait souvent pour l'accompagner dans ses courses. Non seulement ils assistaient le dimanche aux offices de la cathédrale, mais quelquefois les chanoines les obligeaient à les remplacer au chœur. De là, peu ou point de discipline et encore moins de suite dans les études. »

En même temps qu'on tâchait d'organiser le nouvel établissement, on entrait en possession de la mosquée de Bab-El-Oued, aujourd'hui Notre-Dame-des-Victoires. Le gouvernement à qui fut adressée la demande de cet édifice en fit la concession aux Lazaristes, sans trop de difficulté. Il n'en fut pas de même du maréchal Bugeaud, gouverneur général. Il obéit de mauvaise grâce à l'ordre du ministre, parce qu'il avait là tout son matériel de guerre et qu'il ne comprenait pas, d'ailleurs, la nécessité de déloger l'armée pour faire place au clergé. Dans sa conviction celle-là suffisait sans le concours de celui-ci. Aussi le nouveau local fut-il abandonné dans le plus grand délabrement possible. Faute de pouvoir mieux faire, on bénit cette mosquée telle qu'elle se trouvait et on y célébra la sainte Messe. « Le Dieu des armées marchait doucement mais fortement vers son but : les soldats brisaient les obstacles à l'entrée de l'Évangile, à peu près, s'il est permis de comparer les petites choses aux grandes, comme les Romains, en brisant toutes les portes des empires, préparaient le monde à recevoir la bonne nouvelle. » Telle est la réflexion de M. Girard.

Dans cet état de choses « M. Viallier ne pouvait poser la main nulle part, sans la mettre sur des épines ». Aussi soupirait-il après son retour en France. Heureusement pour lui la délivrance approchait. Cette même année 1843, le 4 du mois d'août, la 19e Assemblée générale de la Congrégagion, réunie à Paris, élut M. Étienne pour Supérieur général. M. Girard, qui prit part à cette élection, en qualité de député, a consigné ses impressions dans la note que voici : « Je me suis réjoui cordialement de l'élection de M. Étienne, parce qu'il convenait à ce haut emploi, et aussi parce qu'il m'avait fait entrer à Saint-Lazare et que j'avais des relations fréquentes avec lui, quoique je fusse bien petit en sa présence. » Parlant ensuite de sa propre nomination, il ajoutait : « Deux jours après, c'est-à-dire le 6 août, M. Étienne me dit : j'ai l'intention de vous envoyer à Alger.

« J'aurais dû le prier, continue-t-il, de considérer ma faiblesse, et lui persuader que j'étais incapable de diriger tant d'œuvres et de personnes ; mais loin de là ! toujours trop prompt à parler, je lui répondis subitement : Vous ne trouverez en moi ni obstacle, ni répugnance. Il y avait plus ; j'étais heureux d'aller en Algérie, puisque je le désirais depuis neuf ans, ayant fait adresser une prière pour cela à la très sainte Vierge. Peutêtre, n'étais-je pas trop fâché d'être supérieur ! Ce qui m'excusait, probablement, c'était la joie très réelle, et certainement surnaturelle, d'avoir été nommé le jour de la Transfiguration, et d'être destiné à fonder un Grand Séminaire. Rien ne me paraissait au-dessus de cette belle vocation. La joie de ma nomination se renouvelle chaque fois que revient cette fête ; on m'aurait donné je ne sais quoi, on m'aurait nommé à ce qu'il y a de plus ambitionné parmi les hommes, que je n'aurais pas éprouvé, à beaucoup près, la même joie. Encore aujourd'hui, le nom de la Transfiguration produit sur moi le sentiment d'un bonheur ineffable. Après cet entretien, je n'avais plus que l'Algérie en tête. Cependant, avant de quitter la Maison-mère, je demandai au respectable M. Le Go comment j'avais à m'y prendre pour réussir dans ce nouveau poste. Rien n'est plus facile, me dit-il, il suffit pour cela de faire du bien à tout le monde, et de ne faire du mal à personne. Quand le jour du départ fut venu, je pris la route de Lyon et j'allai en pèlerinage à Notre-Dame de Fourvière pour mettre sous sa protection mon voyage et mon nouveau ministère ; j'en fis autant à Marseille ; j'allai dire la messe à Notre-Dame de la Garde, que les Marseillais nomment, avec raison, la *Bonne Mère*. Je m'embarquai ensuite à Toulon, sur un bâtiment de l'État, plein d'un enthousiasme de jeunesse, quoique j'eusse cinquante ans, et, après trois jours, qui ne me parurent qu'un instant, j'arrivai à Alger le 8 octobre 1843, un dimanche, fête de la Maternité divine, ce qui me causa de la joie et me donna de l'espérance pour l'avenir. »

Laissons l'intrépide missionnaire nous raconter, avec une simplicité qui ravit, son entrée en fonction, ses difficultés, ses luttes, sa pieuse industrie :

« J'eus lieu d'admirer la bonne Providence dès mon débarquement. Comme je ne savais où me diriger pour trouver la maison de mes confrères, je vois tout à coup un homme se présenter à moi, sans être envoyé par personne, et me dire : Où allez-vous ? — Chez les Lazaristes. Les connaissez-vous ? — Parfaitement, je suis le frère de

M. Domingo, professeur, venez, suivez-moi. Je vous y conduirai. Quand la porte de la maison s'ouvrit, je crus entrer dans une prison. Après avoir salué mes confrères dont un seul, M. Viallier, m'était connu, parce que j'avais été son *Ange* à Paris, je demandai, quoiqu'il fût onze heures, à dire la sainte messe dans l'église de Notre-Dame-des-Victoires, et l'on s'empressa d'acquiescer à mon désir : Que de pensées, de sentiments, de projets, surtout de zèle !

« Mon premier soin fut de visiter Monseigneur Dupuch qui m'accueillit avec bienveillance comme prêtre, mais avec assez d'indifférence comme Lazariste. La modeste maison dont je prenais la direction se composait de trois missionnaires et de trois séminaristes. Mes soins devaient se partager entre l'exercice du saint ministère à la Miséricorde et à Notre-Dame-des-Victoires, la formation des jeunes clercs et le développement d'une sorte de catéchuménat.

« Mes affections se portèrent d'abord vers l'œuvre de la Miséricorde, car je trouvais là une occupation conforme à mes goûts et à mes habitudes ; j'y voyais aussi une ressource pour mes projets sur l'église de Bab-el-Oued, que, dans ma simplicité, je croyais devoir posséder longtemps. Mon désir était d'y attirer la population par les prédications, le chant des cantiques, et surtout par les enfants qui sont un puissant levier pour attirer les masses insouciantes. La ville d'Alger avait un besoin tout particulier d'être remuée : on n'y avait rien fait jusque là pour la tirer de sa léthargie. La cathédrale n'était pas fréquentée ; le carême précédent, un P. Jésuite avait entrepris de prêcher la station, et il ne put monter en chaire qu'une seule fois faute d'auditeurs. Je commençai donc à prêcher avec l'entrain d'un missionnaire ; les chants, dirigés du côté des filles, par ma sœur Meslier, étaient entraînants ; on venait en foule chaque dimanche ; on entendait de la rue la voix du prédicateur et les chants ; on s'arrêtait, on quittait la promenade pour entrer à l'église, plusieurs se confessaient, surtout parmi les Espagnols. Ce succès était dû, en grande partie, à la protection de sainte Philomène, dont la dévotion m'était entrée bien avant dans le cœur depuis 1834, et à qui j'avais élevé dans notre pauvre église un autel plus pauvre encore, puisque la dépense faite pour sa construction ne dépasse pas 35 centimes. Mais un orage se formait contre nous qui devait arrêter cet élan. Comme on voulait agrandir la Mosquée servant de cathédrale, on porta le culte à Notre-Dame-des-Victoires, et par cette mesure nous nous trouvâmes naturellement évincés. La perte de cette église me fit éprouver un chagrin et une irritation indicibles. C'était à tort, j'en conviens, et je demande pardon à Dieu de cette faute ! Nous fûmes alors réduits à notre Séminaire, qui n'était rien. Mes confrères se plaignaient de n'avoir pas d'occupation ; j'étais irrité contre un pays où le seul moyen de vivre tranquille c'était de ne rien faire, où je ne pouvais pas même glaner impunément. Dans ces dispositions, je demandai mon changement plusieurs fois et avec insistance. On ne m'exauça pas. Fit-on bien, fit-on mal? je ne sais ; ce que je sais aujourd'hui, après tant d'années de séjour, c'est qu'au lieu de m'en prendre aux autres du bien qui ne se faisait pas, j'aurais dû n'en accuser que moi. Dieu me pardonne mes impatiences qui n'avançaient pas son œuvre, et même lui opposaient un grand obstacle !

« Il y avait bien dans la maison une dizaine de jeunes gens tous juifs d'origine, de sentiments et de religion : un prétendu médecin, un tailleur, trois ferblantiers et quatre marchands. M. E. Boré les avait envoyés de Constantinople, aux frais de la Propagation de la foi, parce que, avaient-ils dit, ils voulaient se faire chrétiens. On avait cru à leur sincérité, mais pas un n'avait cette pensée. Au lieu du baptème, ils demandaient tous de l'argent, prétendant qu'on leur avait promis une rétribution quotidienne. Ces hommes-là ne pouvaient me donner une occupation sérieuse. Je n'aspirais qu'à m'en défaire et, après quelques semaines de patience, ils disparurent les uns d'une manière, les autres d'une autre. Depuis pas un n'est revenu pour remercier des soins qu'on avait pris d'eux. » Telle est l'histoire abrégée de ce qu'on appelait, dans ce temps de naïve confiance, le catéchuménat, la colonie choisie, représentant la *Cité de Dieu !*

Restait donc l'œuvre du Séminaire pour laquelle M. Girard avait une prédilection marquée, comme nous l'avons déjà observé ; mais, si cet établissement était admis en principe par le traité de 1842, il s'en fallait de beaucoup qu'on en favorisât le développement. Tout, au contraire, faisait prévoir que les espérances du début ne se réaliseraient jamais. Les élèves arrivaient en très petit nombre, et encore devait-on pratiquer rigoureusement la parole de l'Évangile : « *Elegerunt bonos in vasa, malos autem foras miserunt* (1). Mgr Dupuch déclara positivement qu'il n'était pas possible de songer à réussir ; l'excellent évêque disait vrai en ce qui le concernait, car une situation financière qui était sur le point d'aboutir à une catastrophe lui enlevait, avec l'énergie morale, toute ressource matérielle. Le Gouvernement, par une sorte de contradiction incompréhensible, refusait absolument tout concours. Sans être irréligieux, le maréchal Bugeaud pensait que pour civiliser l'Algérie on devait s'en tenir à sa devise, et surtout à la première partie : *Ense et Aratro !* Les Lazaristes étaient entièrement inconnus, et le nouveau supérieur « n'accepta aucune protection, car, disait-il, il n'aurait pas soutenu un personnage emprunté, et il aimait

1. Mat. xiii, 48

mieux n'être rien que d'être quelque chose par un appui humain. Cet *incognito,* ajoute-t-il avec une bonhomie qui ne manque pas de finesse, nous fut un paratonnerre, et depuis, combien de fois nous avons gagné à faire les morts » ! Aussi tout son crédit se bornait-il pour l'heure à faire placer un réverbère à l'angle de la rue Philippe et donner à l'impasse le nom de la chère sainte Philomène. Voici comment il obtint ce dernier et modeste triomphe, d'après un récit qui égaya souvent à Kouba la récréation :

« Je conçus la pensée de donner un nom à notre impasse pour éviter les erreurs d'adresse ; mais pour cela j'avais besoin de l'autorisation de l'autorité civile, ce qui était difficile, puisque Monseigneur Dupuch n'avait pas même pu obtenir qu'une rue de Bône portât le nom de *Saint* Augustin ! Je fis ma prière à sainte Philomène et j'allai trouver le directeur de l'Intérieur à qui j'exposai l'inconvénient d'avoir quatre impasses sans nom, et mon désir d'en donner un à la nôtre. Il goûta mes raisons et approuva mon projet ; mais il me demanda quel était celui que j'avais choisi? — Celui de sainte Philomène. — Heureusement il ne dit pas non, il se contenta de me renvoyer à l'architecte. Celui-ci m'exauça, grâce à une singulière confusion de mots, réelle ou affectée. Quel est le nom que vous désirez? — Sainte Philomène.—Ah! oui, je connais cela, je l'ai vu dans mes classes : *Philomela sub umbra!* — Ce n'est pas Philomèle (rossignol), mais sainte Philomène. — C'est à peu près la même chose ! Et il fut décidé que l'impasse serait nommée Sainte-Philomène.

Ce pacifique exploit ne tira pas son auteur de l'obscurité où il vivait, et n'avança pas humainement les affaires du Séminaire naissant ; il fit cependant mieux comprendre encore la nécessité de s'appuyer sur l'*infirma mundi elegit Deus,* et la force de la prière. « Plus il y avait d'opposition du côté de la terre, continue M. Girard, et plus notre confiance en Dieu augmentait. J'avais une conviction profonde, et rien n'aurait pu me l'arracher, qu'il se ferait un Grand Séminaire. Il n'y avait encore aucun élément pour cela : pas d'argent, pas de local, pas d'élèves, pas un protecteur, mais j'avais l'espérance ! » Outre les prières ordinaires à la sainte Vierge, on commença à placer ses images ou ses statues dans tous les lieux réguliers ; on célébra ses fêtes avec plus d'éclat ; on régla que deux fois par jour, après le *Miserere* qui suit le dîner et le souper, on réciterait l'*Ave maris Stella,* pratique toujours observée depuis, et autorisée par M. Étienne en 1851 ; on établit l'exercice du samedi soir, qui consiste à faire toujours la lecture spirituelle sur la très sainte Vierge et à chanter ses litanies ; enfin, on ne cessa d'invoquer tous nos saints protecteurs, saint Joseph, saint Vincent, sainte Philomène « afin de vaincre par la prière », disait le pieux supérieur. Et il ajoutait : « J'étais si persuadé de l'efficacité de ce moyen

que je disais souvent, et que je dis encore aux
jeunes gens : Commencez toutes vos démarches et
vos entreprises par la prière ! » Avec cette politique du ciel, on a toujours Dieu de son côté, et tôt
ou tard l'on triomphe des passions humaines :
l'avenir en fournira une preuve évidente.

CHAPITRE IV

NOUVEL ESSOR DONNÉ A L'ORGANISATION DU GRAND
SÉMINAIRE. — LA CONGRÉGATION EST CONFIRMÉE
DANS SON DROIT DE LE DIRIGER. — CONCESSION
DU CAMP DE KOUBA. — PREMIÈRE INSTALLATION.

A la fin de l'année 1845, Monseigneur Dupuch,
de douce et apostolique mémoire, fut contraint, par
des événements que nous n'avons pas à raconter et
encore moins à juger, de donner sa démission ; il le
fit avec une résignation admirable dont M. Girard,
qui en fut le triste témoin, ne parlait qu'avec une profonde émotion. Au mois de février de l'année suivante 1846, une ordonnance royale nommait pour le
remplacer M. l'abbé Pavy, professeur d'histoire à la
faculté de théologie de Lyon. Le nouveau prélat prit
possession de son siège par procureur le 2 juillet suivant, et le 10 du même mois, fit son entrée solennelle
à Alger. « Dès ce moment, dit M. Girard, les affaires
de l'Église changèrent de face ; un grand mouve-

ment fut communiqué à tout ce qui intéressait la religion ; le Grand Séminaire, en particulier, sentit les effets de la puissante activité de l'Évêque. » Celui-ci, avec cette sûreté de coup d'œil qui distinguait un esprit si supérieur, comprit quelle coopération ferme et dévouée son administration trouverait dans l'expérience et le dévouement de l'humble fils de saint Vincent. Dès lors s'établit entre ces deux grandes âmes un commerce fécond pour le bien, de confiance presque filiale d'une part, et de l'autre de tendre attachement.

Il fut résolu que le Séminaire, jusque-là en ébauche, aurait son organisation définitive et qu'il existerait autrement que par *antonomase,* selon la pittoresque expression du maréchal Bugeaud. C'était dire qu'on voulait des études sérieuses, un local convenable, une forte discipline, en un mot, tout ce qui contribue à former un clergé aussi instruit que vertueux. L'arrivée de nouveaux confrères permettait de mieux régler l'enseignement ; la discipline allait se relever par la cessation des causes de désordre dont nous avons parlé plus haut ; une première ordination, faite le 26 juillet et comprenant deux Tonsurés, quatre Minorés, quatre Sous-Diacres et un Diacre, semblait justifier toutes les espérances qu'on fondait sur l'avenir ; mais le local si désiré où le trouver, et comment se le procurer ? C'est ici que va se révéler l'action de la Providence et l'énergique patience de celui qui en fut l'instrument docile.

M. de Salvandy, ministre de l'instruction publique, et ami de l'évêque, étant venu à Alger, Sa Grandeur voulut lui faire connaître son Séminaire naissant de l'impasse Sainte-Philomène. On lui improvisa une modeste réception ; mais tout en rendant les honneurs convenables au représentant du pouvoir, l'habile supérieur n'oublia pas son œuvre de prédilection ; il suggéra au séminariste chargé de complimenter Son Excellence ce texte d'Isaïe : *Angustus est mihi locus, fac spatium mihi ut habitem !* (1) *Le lieu où je suis est trop étroit, donnez-moi une place pour y pouvoir demeurer !* Le ministre comprit l'allusion. D'ailleurs, l'aspect de cette enceinte resserrée, malsaine, de ces classes sombres, de ces galeries étroites formait un commentaire éloquent. Il répondit gracieusement à l'évêque : « Monseigneur, ayez patience : il y a plusieurs camps militaires autour de la ville qui vont devenir inutiles, il sera peut-être possible de vous en céder un. » Après cette parole et sur la foi qu'elle inspirait, M. Girard visita tous les camps et toutes les maisons qu'on disait assez grandes pour servir de Séminaire. En même temps, il fit faire des neuvaines à la très sainte Vierge, à saint Joseph, à saint Vincent, à sainte Philomène et à l'Ange gardien.

Après six mois de courses et de déception, le Gouvernement offrit Bouderba ou la maison crénelée, située sur la paroisse de Kouba et habitée

1. Is. XLIX, 20.

par le colonel Blangini qui commandait le camp de cette localité. Elle était délabrée et insuffisante pour l'établissement d'un séminaire; du reste, comme on ne pouvait espérer ni réparations ni constructions, l'offre ne fut pas acceptée.

L'infatigable supérieur, qui venait de visiter cette maison, voyait donc encore une de ses espérances trompée, et reprenait tristement le chemin d'Alger, en compagnie de M. Plasse, vicaire général et de M. Salmon, curé de la paroisse. En passant dans le village de Kouba, ils aperçurent sur le mamelon à droite quelques légères constructions. M. le curé ayant dit à ses deux compagnons que c'était là le camp, ceux-ci voulurent le visiter. Il s'y opposait, et même assez vivement ; à la fin il se rendit à leurs instances, et les trois voyageurs gravirent le petit sentier qui conduisait à l'entrée. Les soldats de garde les accueillirent avec cette franche cordialité qui est naturelle au militaire français ; l'officier qui commandait leur permit de pénétrer dans l'intérieur de la cour et dans quelques baraques, non sans une certaine hésitation, comme s'il eût eu le pressentiment que cette visite allait leur faire perdre une position des plus agréables. Tout fut trouvé convenable pour l'établissement projeté. En sortant, M. Girard dit à la sentinelle : « L'air paraît bon ici. » — « Oh ! M. le curé, il n'y a jamais de malades. » — Une garantie si précieuse pour la santé de ses enfants, la beauté du site, le calme

de la solitude, tous les avantages réunis changèrent sa pensée encore incertaine en conviction
inébranlable, son choix était arrêté et il se disait
tout bas : *Hic habitabo quoniam elegi eam.* (1)
M. Plasse partageait complètement cette manière
devoir. Il fallait cependant attendre encore dix-huit
mois avant d'en arriver à l'exécution. « Heureusement, disait-il en racontant ces détails, nous n'avons
plus changé d'idée ; car ce qui fait manquer un si
grand nombre d'affaires, c'est la tergiversation.
Pendant ces dix-huit mois, nous fîmes un grand
nombre de neuvaines à cette intention.» C'était toujours sa grande ressource. A la fin, la prière devait
l'emporter sur les calculs de la politique et sur les
résistances inattendues du nouveau gouverneur,
le duc d'Aumale.

Cependant, le changement de local projeté et
sur le point de s'accomplir allait nécessairement
modifier l'existence de notre maison de l'impasse.
Il devenait évident, en effet, que la Congrégation
ne pourrait plus remplir l'une des clauses du traité
dès que le Séminaire serait établi dans la banlieue.
Il n'y avait que deux solutions possibles : ou abandonner au clergé des paroisses la direction des
filles de la Charité et suivre hors de la ville les
séminaristes ; ou avoir un autre personnel et créer
une seconde maison pour la direction du Séminaire,
tout en conservant celle d'Alger. M. Étienne com-
battait la première solution et soutenait énergi-

1. Ps. CXXXI, 14.

quement que la maison d'Alger avait été surtout fondée pour le service spirituel des filles de la Charité. Monseigneur Pavy, au contraire, trouvait tout naturel que la mutation du lieu entrainât celle de tout l'établissement et qu'on s'attachât avant tout à former des prêtres. On ne parlait pas d'une nouvelle création. Bien plus, à la suite d'une correspondance assez vive avec les supérieurs de Paris et de pourparlers délicats avec M. Girard, on pouvait croire que l'œuvre du Séminaire était destinée à passer aux mains des prêtres du diocèse ; déjà l'opinion, écho de la parole de l'évêque, saluait le nouveau supérieur en la personne de M. Suchet, premier vicaire général. La situation était singulièrement douloureuse pour celui qui voyait s'évanouir par là le plus beau rêve de sa vie. Et pourtant, par un de ces coups dont la divine Providence a le secret, il était au moment d'en assurer la complète réalisation.

Le vendredi de la semaine de la Passion, fête de Notre-Dame des Sept-Douleurs, il se rendait à Saint-Eugène, résidence de Monseigneur, pour avoir son avis sur une affaire de peu d'importance. Quand il fut au pied de la montagne, il lui vint tout à coup à la pensée de demander à Sa Grandeur si elle entendait confier son Grand Séminaire aux Lazaristes. Se souvenant ensuite que ce jour-là était consacré à la très-sainte Vierge, il en augura bien pour le succès de sa demande, et pendant qu'il gravissait lentement la colline, il se mit à réciter le chapelet. Après avoir exposé le principal objet de sa visite, il ajouta par manière de conversation, et sans l'ombre d'hésitation, qu'il serait temps de constituer définitivement le personnel du Séminaire, et d'écrire pour cela à M. le Supérieur général. Non seulement le prélat ne fit aucune objection, mais, séance tenante, il écrivit à M. Étienne, et l'heureux solliciteur emporta et mit lui-même à la poste la lettre qui proposait le changement de local, demandait de nouveaux confrères et priait qu'on insistât auprès du ministre de la guerre pour la cession du camp de Kouba. Presque immédiatement, M. Étienne donna une réponse affirmative, en même temps que le gouverneur général laissait entrevoir la possibilité d'obtenir l'établissement demandé. C'était, disait plus tard M. Girard, le premier et l'unique succès remporté sans qu'il eût été précédé d'une neuvaine. Ainsi se renouaient des rapports de bonne harmonie qui n'ont jamais été rompus depuis. Cette solution, en quelque sorte miraculeuse, combla de joie M. Girard : la protection de saint Vincent et l'habileté de Monseigneur allaient la rendre définitive.

En effet, trois semaines après, le dimanche du bon Pasteur de l'année 1848, on eut l'idée de donner dans l'enceinte de la nouvelle cathédrale en construction, un grand *festival* républicain, comme on parlait alors. C'était une réunion dans laquelle devaient se trouver toutes les notabilités de

la ville pour fêter joyeusement l'égalité, la liberté et
la fraternité. Monseigneur y fut invité officiellement, et, sur l'avis de M. Girard, s'empressa de
s'y rendre, après avoir mis pour condition que
tout s'y passerait avec décence. « Pendant cette
fête un peu profane et toute politique, disait le
vénérable supérieur, nous avions aussi un *festival*
dans notre petite maison mauresque, mais de meilleure espèce ! Nous célébrions l'anniversaire de la
Translation des reliques de saint Vincent de Paul.
J'espérais que notre saint Fondateur inspirerait à
Monseigneur de demander au général Cavaignac
de nous accorder le camp de Kouba. » Or, pendant
la collation qui faisait partie du programme de la
fête, Sa Grandeur fut placée à la droite du gouverneur. Le spirituel prélat, qui ne perdait pas de
vue le bien de son Séminaire au milieu de l'enthousiasme général, saisit le moment où l'âme du
représentant du pouvoir s'ouvrait aux douces
émotions de la joie et lui dit avec un aimable
abandon : « Général, vous pourriez facilement me
faire un grand plaisir. — Et lequel ? — Ce serait de
me céder le camp de Kouba, qui vous est inutile,
dont je ne saurai trop moi-même quel parti tirer ;
mais qui me permettra, du moins, de faire respirer un air plus pur à mes pauvres séminaristes. »
Pris au dépourvu, Cavaignac interpella à son tour
le général du génie, Charron. — Pouvez-vous
vous passer du camp de Kouba ? — Oui, facilement, répondit ce dernier, assez heureusement

disposé. — Eh bien ! Monseigneur, le camp est à vous ! » Ce succès dépassait toutes les espérances ; mais plus il était inespéré et plus on devait craindre un retour fâcheux ; plus aussi il importait d'en prévenir les suites. Dans ce but, l'Évêque usa de la plus grande activité pour obtenir une cession authentique et signée. Elle lui fut remise huit jours après, en la solennité du Patronage de saint Joseph. Le 25 mai, jour anniversaire de l'invention du corps de sainte Philomène, M. Dagret, vicaire général et le supérieur, au nom de l'autorité ecclésiastique, prenaient possession de l'immeuble. « Chose remarquable ! s'écrie ici M. Girard, tout ce qu'on nous a accordé pour le Séminaire est arrivé en la fête des saints que nous invoquions dans nos neuvaines. Que tout cela se soit fait naturellement, c'est possible ; mais la coïncidence est si frappante que j'y vois une disposition de la divine Providence. »

Restait une dernière opération, la plus importante de toutes, celle de transporter le séminaire à Kouba et d'en prendre possession. Elle eut lieu par décision de l'autorité militaire, le 31 mai, veille de l'Ascension et dernier jour du mois de Marie. Voici comment se fit cette nouvelle sortie d'Égypte, selon l'expression employée par le pieux supérieur : « Le commandant des équipages militaires, dit-il, avait mis à notre disposition ses *prolonges* et ses soldats. Après la clôture du mois de Marie que nous avions faite le matin cette année, les militaires arrivèrent avec leurs chariots, et l'on se mit à les charger. Il y eut assez de place pour tout emporter en un seul voyage, et on voyait tant de monde à l'ouvrage que le chargement était complètement terminé à midi. Alors tous, séminaristes et soldats, se mirent à table pendant qu'un homme gardait les voitures dans la rue. Quand le dîner, où règna la joie, fut fini, on se mit en route pour Kouba. »

« Plusieurs jours avant le départ, on se disait : il nous faudrait un bon gardien pour éloigner les Arabes et les voleurs; mais malgré notre désir nous n'avions pu nous le procurer. La bonne Providence y pourvut, et mieux que nous n'aurions pu le faire ! En sortant de la ville, un magnifique dogue, à la voix sonore, à la pose de lion, se joignit et s'attacha à la Communauté, la suivit au camp, en prit spontanément la garde sans vouloir le quitter et sans être réclamé par personne ; il justifia par une vigilance peu ordinaire le terrible nom de *César !*

« Arrivés à Kouba vers deux heures, chacun choisit sa demeure plutôt que sa chambre, sans trop raffiner sur la propreté. On se mit deux ou trois et jusqu'à six dans de grandes pièces, qu'on désigna désormais par le nom d'*Omnibus*. Les réduits à compartiments séparés furent réservés à MM. les directeurs. Ensuite on éleva sur une sorte de trône, au milieu de la vaste cour, une statue de la très sainte Vierge prêtée en cette occasion et réclamée plus tard par M. Dagret. Les Séminaristes, rangés autour de l'image de la Mère de Dieu, chantèrent en son honneur tous les cantiques, hymnes, antiennes qu'ils savaient de mémoire. Le professeur de morale, M. Marty, dirigeait le chant, c'est dire qu'on chantait fort ! Les échos environnants durent s'étonner de répéter les louanges de Dieu, de la sainte Vierge, et des saints : car hier encore, ils redisaient les blasphèmes, les jurements, les obscénités. On eût dit qu'ils partageaient la joie qui débordait de tous nos cœurs ! Elle était si grande que les voix ne cessaient plus de chanter. » Ajoutons que cette scène, si naïvement reproduite, est demeurée profondément gravée dans les souvenirs de la première génération, dont il ne reste plus que quelques rares survivants.

Heureusement la prise de possession avait été prompte, car à peine venait-elle d'avoir lieu que la préfecture intimait à Monseigneur Pavy l'ordre de surseoir à l'exécution. « Ceci ne peut me regarder, répondit tranquillement le prélat : on me défend d'entrer, mais j'y suis. Il me faut l'ordre d'en sortir, et je l'attends ! » On l'attend encore. Peut-être cette injonction n'eût-elle rien de sérieux, et fut-elle seulement jetée dans le public comme une satisfaction tardive donnée à l'opinion, qui pouvait s'émouvoir d'une libéralité faite au clergé aux dépens de l'armée. C'était la pensée exprimée par M. Girard.

Désormais donc c'est à Kouba que va se concentrer toute la sollicitude de son zèle. Et, à vrai dire, les besoins du nouvel établissement réclamaient les efforts combinés de la sagesse et de l'énergie : il ne s'agissait de rien moins que de faire marcher de front la construction de l'édifice matériel, l'agrandissement de la propriété, le perfectionnement des études et de la discipline. Tout viendra à son heure.

C'était pour le moment celle des privations de toute nature. Dans les fragiles baraques dont on était en possession, c'est à peine si l'on trouvait un abri contre les fortes pluies de l'hiver ; il n'était pas rare qu'on fût obligé de lutter contre l'inondation qui envahissait l'intérieur par le toit, par la porte, ou par les deux à la fois et le parapluie devenait le meuble indispensable, surtout au réfectoire ; même pendant l'été, on ne demeurait tranquille à sa place qu'à la condition de la disputer aux couleuvres, aux fourmis et à certains autres reptiles encore moins gracieux ; pour passer d'un exercice à l'autre, force était de traverser, en temps d'orage, une vaste cour, recouverte d'une épaisse couche de boue, parsemée de larges flaques d'eau, à travers lesquelles il était périlleux de se diriger. A ces inconvénients très réels dont on riait de bon cœur venaient se joindre les privations, non moins positives, d'une grande pauvreté. Les séminaristes, on le comprend, n'apportaient d'autres ressources que celle de la bonne volonté ; le gouvernement accordait une subvention suffisante, peut-être, pour les besoins urgents, mais trop modeste pour permettre d'installer convenablement le culte, d'a-

cheter des livres et de compléter le mobilier ;
aussi la chapelle ne se distinguait du reste que
par un peu plus de propreté ; les quelques vo-
lumes des auteurs classiques composaient, à peu
près, toute la bibliothèque ; quiconque quittait son
réduit pour se rendre à un exercice public devait,
sous peine de rester debout, s'armer de l'unique
chaise qui meublait sa baraque.

Nécessairement les études et la discipline devaient
se ressentir de cet état de choses. Comment con-
cilier le silence, le travail, la gravité ecclésiastique
avec une sorte de mouvement perpétuel? surtout
si l'on veut bien ne pas oublier que les jeunes lévites
respiraient l'air d'un camp militaire et subissaient
l'action du soleil d'Afrique! Mais les leçons, les
exemples, la seule présence du vénérable supérieur
opposèrent constamment une digue puissante aux
dangers de cette installation provisoire. En le
voyant abrité sous un toit délabré, comme le dernier de ses enfants, bravant, dès quatre heures du
matin le vent et la pluie pour se rendre à l'oraison ;
gravissant à pied le sentier arabe qui conduisait au
Séminaire, qui aurait osé se permettre une seule
plainte? D'ailleurs, sa parole, toujours si goûtée,
persuadait à merveille ce que son exemple imposait,
dans les lectures spirituelles, toujours présidées
par lui, dans les répétitions de l'oraison, régulièrement faites le mercredi, dans les conférences du
dimanche, dans des entretiens particuliers, il savait
faire aimer le travail, la piété, la régularité ; au

besoin, un avertissement énergique stimulait la négligence ou fixait la légèreté ; rarement néanmoins
il en appelait à la sévérité, car la crainte de contrister celui que tous déjà nommaient le *bon Père
Girard* suffisait pour maintenir chacun dans le
devoir. Ainsi, pendant les premières années qui
suivirent la prise de possession du camp, malgré
un certain laisser-aller, inhérent à la situation, on
remarquait dans les séminaristes une piété sincère,
un zèle ardent, une générosité tout apostolique,
quelque chose de cette vigoureuse végétation de la
première saison dont le temps diminue singulièrement l'énergie. Des prêtres éminents, l'honneur
en ce moment des trois diocèses algériens, et à leur
tête le pieux et éloquent coadjuteur de Mgr l'archevêque d'Alger, Mgr Dusserre, appartiennent à cette
génération virile, ou, comme on aima à l'appeler,
à cet *âge d'or* de Kouba !

CHAPITRE CINQUIÈME

CONSTRUCTION DU NOUVEAU SÉMINAIRE. — AGRAN-
DISSEMENT DE LA PROPRIÉTÉ. — DIVERS EMBEL-
LISSEMENTS.

Si les habitudes de mortification, soutenues par
les leçons et l'exemple de M. Girard, pouvaient
transformer un camp militaire en une sorte de
paradis terrestre, elles n'avaient pas le privilège
de soustraire les baraques aux attaques combinées
du temps et des éléments. Il fallait donc, malgré
des réparations annuelles gracieusement et largement accordées, songer à s'abriter sous des
constructions moins fragiles. Là était la grande
difficulté : il ne pouvait être question, en effet, que
d'un édifice digne de sa destination, digne aussi du
gouvernement qui devait en fournir les fonds ;
mais celui-ci consentirait-il à des dépenses considérables en faveur d'un séminaire alors que tant
d'autres besoins de la Colonie semblaient le dé-
tourner d'une générosité exceptionnelle ? Il était
permis d'en douter. Le pieux supérieur le sentait,
et cependant il s'obstinait à compter beaucoup sur
la haute influence de son évêque, et aveuglément
sur la puissance de la prière ! Les événements ne
tardèrent pas à justifier cette double confiance. Vers

le mois d'octobre 1851, le ministre des cultes écrivit à l'architecte diocésain, M. Féraud, de mettre à l'étude et de lui présenter un plan de chapelle, car c'était tout ce que l'on permettait d'espérer. Par une inspiration, sans doute providentielle, l'architecte eut soin de raccorder l'édifice projeté avec tout un système de bâtiments représentant le futur Séminaire, tel que, de fait, il a été exécuté. Ce travail valut à son auteur une sévère leçon d'exactitude à ne jamais dépasser les ordres donnés par un supérieur hiérarchique ; mais il séduisit par sa perfection et laissa d'heureuses impressions qui ne tardèrent pas à amener des résultats. En effet, l'année suivante, au mois de juillet, M. Fortoul répondit à Mgr Pavy « qu'il était très disposé à s'occuper de cette grave affaire», entendant par là l'exécution du projet complet. A la vérité, il se plaignait qu'on eût dépassé ses ordres ; mais il cachait si peu ses favorables intentions qu'il proposa au vénérable prélat de commencer la chapelle l'année suivante, et l'engagea à faire des propositions pour les autres années. En conséquence, le 21 septembre 1854, jour de la fête de saint Mathieu, apôtre et évangéliste, eut lieu l'adjudication légale des travaux de la chapelle, et le 2 octobre suivant, en la solennité des SS. Anges, les ouvriers donnèrent le premier coup de pioche pour ouvrir les fondations. « Qui les amena ce jour-là, s'écrie ici M. Girard ? Ce ne fut pas moi qui n'en savais rien ! Encore moins l'architecte ou l'entrepreneur qui ne s'occupent pas du choix des jours ! Nous avons cru pieusement que l'Ange gardien du Séminaire s'était souvenu de nos prières ! »

Depuis quelque temps, il avait composé et l'on récitait à la prière du soir, une oraison précédée de pieuses invocations à tous les saints dont on avait les statues, et qu'on nous saura gré de rappeler dans cette notice comme témoignage de la foi vive et de la tendre piété de son auteur. (1)

« Saints et saintes, priez afin que notre Dieu et Seigneur daigne exaucer les prières que nous lui adressons. »

« O Dieu puissant et miséricordieux, nous vous

1. Omnes Sancti et Sanctæ Dei, Orate pro nobis.
℣. Orate ut Deus et Dominus noster,
℞. Has nostras deprecationes exaudire dignetur.

OREMUS

Da, quæsumus, omnipotens et misericors Deus, viris hoc tuum seminarium ædificantibus, spiritum quo replesti Noe ad ædificandam Arcam, Bezeleel ad Tabernaculum fœderis, Salomonem ad Templum; ut Domus hæc sit celeriter et firmiter ædificata, omnibusque modis ordinata, salubris habitantibus et amœna, studiis favens ac pietati et semper redolens amorem Jesu qui tecum vivit et regnat in sæcula sæculorum. Amen.

Sancta Maria, Mater Dei, pra pro nobis.
Sancte Angele Custos hujus seminarii, ora pro nobis.

Sancte Joseph,
Sancte Petre,
Sancte Paule,
Sancte Vincenti a Paulo, } Ora pro nobis.
Sancte Ludovice,
Sancta Philomena,

en supplions, donnez à tous ceux qui construisent ce Séminaire qui est à vous l'esprit dont vous avez rempli Noé pour la construction de l'Arche, Bezeleel pour celle du Tabernacle, Salomon pour l'achèvement du Temple, afin que cette Maison, élevée promptement et solidement, harmonieusement coordonnée en toutes ses parties, offre à ceux qui l'habiteront un séjour salubre et agréable, favorable à l'étude et à la piété, toujours embaumé de l'amour de Jésus qui vit et règne avec vous dans les siècles des siècles. Amen. »

Chacune de ces demandes, on peut le dire sans exagération, a été exaucée. Les travaux de la chapelle, si heureusement entrepris, furent poursuivis activement, et le 19 juillet 1858, fête de saint Vincent de Paul, les ouvriers placèrent la grande croix dorée qui surmonte le dôme, « abri de nos espérances, symbole de nos pensées et de nos désirs, toujours dirigés vers le ciel » ! écrivait pieusement M. Girard. Il est vrai qu'il fallut attendre encore cinq années avant d'installer le culte dans le nouveau sanctuaire ; mais c'était encore une consolation de constater que, par une pensée digne des âges de foi, quoique peu calculée probablement, on avait commencé par la Maison de Dieu et consenti à lui donner la place d'honneur.

Les autres constructions, grâce aux favorables dispositions du nouveau ministre de l'Algérie, M. Chasseloup-Laubat, ne se firent pas attendre. A la date de la victoire de Solferino, une décision

ministérielle autorisait la construction de l'aile de
l'ouest, dédiée à saint Augustin ; le jour de la fête
de Notre-Dame de la Merci, 24 septembre 1859,
Monseigneur l'évêque recevait la nouvelle officielle
que les travaux étaient adjugés au même entrepreneur, et deux ans plus tard, on prenait possession
des nouvelles chambres à la rentrée d'octobre.
L'aile de l'est, dite de Saint-Cyprien, fut construite
avec la même rapidité. Au mois de septembre
1863, on posait les fondations des grands bâtiments, formant les quatre côtés d'un carré, dont
la chapelle occupe le centre, et le 1er novembre
1866, le beau jour de la Toussaint, la Communauté s'installait dans le grand réfectoire. Déjà,
trois ans auparavant, en la même solennité, on
avait, pour la première fois, célébré l'office divin
dans la nouvelle chapelle. Ainsi, dans l'espace de
douze années, les « ignobles baraques », comme les
appelait le général d'Hautpoul à la tribune française, avaient en grande partie disparu ; elles
avaient fait place à un monument vraiment grandiose dans son ensemble et sans rival, non seulement à Alger, mais dans les deux autres provinces.
C'était la réalisation du vœu de chaque jour :
firmiter et celeriter œdificata !

Quelle part revient à M. Girard dans ce concours de volontés diverses dont la grande activité
aboutit, en si peu d'années, à cet étonnant résultat ? Une part considérable. Sans doute, le gouvernement montra un bon vouloir digne de recon-

naissance ; Monseigneur Pavy plaida avec autant
de zèle que d'éloquence la cause de son Séminaire ;
l'architecte et l'entrepreneur firent preuve de dévouement ; mais l'âme de tout ce mouvement était,
en réalité, le vénérable Supérieur. Cette influence,
que le public regardait comme l'effet d'une habile
politique, il la devait avant tout à une réserve
modeste, à des procédés aimables, à ce grand air
de sainteté répandu sur toute sa personne. La vénération attachée au nom du *bon Père,* le désir
de lui être agréable furent une précieuse ressource contre toutes les défaillances. Ainsi, la première idée de ce plan magnifique qui séduisit le
ministre jaillit d'une conversation avec le nouvel
architecte, M. Féraud. « Celui-ci, racontait
M. Girard, m'ayant fait diverses questions, j'y
satisfis en lui disant que le Grand Séminaire était
sous le patronage de saint Vincent de Paul, le saint
de Paris qui avait été esclave à Tunis. J'ajoutai que
Kouba ou *Kobba* voulait dire coupole. A ce mot,
il s'écria : C'est assez, mon plan est fait ! Kouba,
coupole ! Oui, c'est une coupole. Quelques jours
après, j'entendais dire que M. Féraud avait fait un
plan du Séminaire et qu'il en était dans l'enthousiasme. »

Les travaux ayant été commencés, il en suivait
le détail avec attention, et son bon sens pratique
notait les défauts qui pouvaient nuire à la régularité d'une communauté ; il allait ensuite trouver
M. Fromageau, architecte qui avait remplacé

M. Féraud; il lui présentait ses observations avec tant de tact que jamais il n'eut à essuyer un refus. Tantôt c'était un balcon de communication qu'on établissait, à sa prière, à l'extrémité des grands corridors; tantôt des caves spacieuses qu'on creusait sous l'aile *Saint-Cyprien;* tantôt un gracieux campanile qu'on élevait sur les bâtiments de service, et dans lequel on plaçait une horloge à quatre cadrans, qui fut un véritable bienfait pour tout le village. Lorsque, de Paris, un ordre était donné de suspendre les travaux, ou que l'on craignait pour les crédits de l'année suivante, vite Monseigneur écrivait, et, en même temps, envoyait *son père Girard,* dès le retour des vacances, assurer auprès du ministre l'effet de ses requêtes. Il serait très facile de citer ici des dates. Dans les bureaux du ministère, le vénérable messager trouvait toujours, selon qu'il l'écrivait le 28 juillet 1861, « honnêteté et bienveillance ». En sa considération, on passait même sur certaines formalités de droit, et l'on acceptait, sans adjudication nouvelle, le même entrepreneur comme le témoigne une lettre de Son Excellence à Monseigneur, du mois de septembre 1863. Qu'on ajoute à cette autorité morale qui s'imposait à tous cette grande puissance de la prière qui ne lui fit jamais défaut, et l'on comprendra facilement que les séminaristes aient pu lui dire, sans flatterie, au cinquantième anniversaire de son ordination de prêtrise, le 10 juin 1868 : « Si nous nous taisions sur les merveilles obtenues par vos prières et vos bénédictions, sur l'heureuse influence de votre paternelle direction, nous entendrions s'élever contre notre silence les voix émues de tout ce clergé que vous avez formé ; les pierres mêmes de cet édifice si *rapidement* et si *solidement* construit, réclameraient, dans leur langage muet mais éloquent, le droit de rendre hommage à la vérité. »

Le vigilant Supérieur demandait à Dieu, nous l'avons vu, une demeure où *l'agrément* s'unît à la *solidité;* à plus forte raison dut-il se préoccuper d'avoir de l'eau, qui est, au dire de l'Esprit-Saint, une des choses *absolument nécessaires à la vie.* (1) Laissons le raconter lui-même la découverte d'une source, presque miraculeuse, dont l'eau fraîche et limpide coule encore aujourd'hui avec une intarissable profusion : « Un sujet de grande préoccupation pour nous, c'était l'eau. Nous l'achetions au commencement quinze sous la bordelaise, car il fallait aller la chercher au Vieux-Kouba. Plus tard nous résolûmes, quoique bien pauvres, de nous procurer un tonneau, une voiture pour le porter et un mulet pour la conduire ; mais ce mode d'approvisionnement ne pouvait pas durer. On en vint enfin à une idée pratique, celle de creuser un puits ; encore eût-elle beaucoup d'oppositions à vaincre : creuser un puits sur une montagne, quelle folie ! Pouvait-on espérer de mieux réussir que les militaires dont les recherches avaient été inutiles ? Toutes ces réflexions ne me faisaient

1. Eccl. XXXIX, 31.

aucune impression. J'avais confiance que nous trou-
verions de l'eau ; mais où creuser? et pourquoi ici
plutôt que là? Encore à ce sujet, que de paroles!
J'étais maître et juge, je choisis l'endroit par un
instinct qui me ramenait toujours au même point.
Quand on me demandait pourquoi je voulais creuser
là plutôt qu'ailleurs, je ne pouvais répondre sinon
qu'il me semblait que c'était là que je trouverais la
source.

« Cependant je dois dire que j'avais fait des neuvaines avec les séminaristes pour le succès de
ce puits. Enfin, le jour où il fallut commencer, après
la messe qui fut dite à cette intention, j'allai sur le
terrain en habit de chœur et en cérémonie bénir
la terre où l'on devait travailler. On était alors au
mois d'août. Le travail fut poussé activement, mais
sans résultat, jusqu'au 18 octobre. Ce jour-là, me
trouvant avec les travailleurs et regardant les pa-
niers de terre qui sortaient de l'ouverture du puits,
je criai : l'eau! Voilà l'eau! Elle était si abondante
qu'on ne pouvait l'épuiser pour creuser plus profond. On s'arrêta donc forcément, on fit les murs
nécessaires et on posa une *noria*. La première eau
qui sortit, j'en fis de l'eau bénite, et j'envoyai la
seconde bouteille à Monseigneur Pavy pour lui annoncer le succès! J'ai souvent admiré les richesses
de Dieu dans l'abondance des eaux, et c'est de bon
cœur que je dis avec le prophète: *Benedicite, fontes,
Domino!* »

Restait désormais à assurer le recueillement, si

favorable à l'étude et à la prière, par l'éloignement
de tout voisinage bruyant ou seulement indiscret;
or, pour atteindre ce but, il fallait de toute nécessité
élargir le périmètre de la propriété. Ici encore, les
difficultés étaient aussi nombreuses que sérieuses :
d'une part, le terrain à acquérir comprenait, à peu
près, toute la surface du mamelon sur lequel repo-
saient les nouvelles constructions ; d'autre part, les
possesseurs du sol en question étaient si peu disposés à vendre que l'un d'eux avait déclaré, disait-
on, qu'il « ne céderait jamais sa terre, dût-on lui
donner en échange toute la vaste plaine de la Mi-
tidja! » Alors même que l'acquisition n'eût pas
rencontré tous ces obstacles, comment espérer rai-
sonnablement que l'État en prît les frais à sa charge,
puisque déjà l'opinion l'accusait de dépasser, en
faveur du Séminaire, les limites d'une juste libéralité? Et cependant, l'humble Supérieur eut la consolation de voir toutes ces impossibilités se fondre,
pour ainsi dire, sous l'action de sa confiante activité. Ce fut d'abord tout le versant nord, couvert
de hautes herbes et de broussailles, dont la cession
inespérée fut conclue au prix de 17.000 francs, avec
l'agrément du ministre, et à la suite d'une fervente
neuvaine à saint Joseph; ce fut, quelques années
plus tard, le pittoresque bois de pin qui domine les
coteaux d'Hussein-Dey; ce fut finalement la riche
terre du midi dont l'acquisition vint, contre toutes
les prévisions humaines, compléter le système
pieusement conçu de défense efficace contre les

bruits du dehors. Ceux qui n'auraient vu dans cette
ardeur à poursuivre un tel résultat que le mobile
vulgaire d'un intérêt temporel se seraient certainement mépris; ils auraient ignoré à quelle hauteur
de vue se plaçait ordinairement, dans ses actes
comme dans ses désirs, le vénérable Supérieur.

Il n'oubliait pas, néanmoins, que, si *la recherche
du royaume de Dieu* occupe de droit la première
place dans l'esprit du père de famille, elle n'exclut
pas la prévoyance modérée de *tout ce qui est
donné par surcroît* (1) Dans cette conviction, il entreprit de couvrir de vignes toute la montagne, afin
de créer, par cette culture facile, des ressources
pour l'avenir. Il mit à cette entreprise l'énergie
qu'il apportait à tout, peut-être même en fit-il son
œuvre de prédilection dans l'ordre temporel. Assez
souvent ses confrères étaient tentés de trouver quelque exagération dans cette sollicitude, surtout lorsqu'ils voyaient tomber sous la hache du trop docile
frère Guillaume les oliviers séculaires, les grands
pins maritimes, les mûriers et les figuiers pour faire
place à quelques ceps *d'aramont!* Ceux qui pen-
saient, avec un ancien, que la perfection en écono-
mie domestique aussi bien qu'en littérature, consiste
à *mêler l'utile à l'agréable,* auraient désiré quelques plantations d'arbres indigènes, dans les cours
latérales, ne fût-ce que pour protéger les généra-
tions futures contre les feux du soleil africain. Tous
blâmaient hautement, dans ce qu'elle avait d'ex-

1. Luc, XII, 31.

clusif, une culture qui absorbait tous les soins et toutes les ressources. Aujourd'hui, en admirant la riche végétation qui embellit ces coteaux, en calculant le produit qu'une abondante récolte de vin assure chaque année à l'établissement, on ne songe qu'à rendre hommage à la main *qui a planté,* et à bénir Dieu qui a *donné l'accroissement!* (1)

M. Girard, nous l'avons vu au commencement de ce chapitre, avait demandé une demeure *promptement* et *solidement* construite : *Ut domus hæc sit celeriter et firmiter ædificata.* La divine Providence avait largement exaucé cette partie de sa prière ; elle lui donnait des bâtiments spacieux et commodes, sinon irréprochables dans tous les détails ; elle y ajoutait un mobilier suffisant et des ressources assurées pour l'alimentation et l'entretien d'un nombreux personnel ; elle en faisait surtout un séjour enchanteur par la pureté de l'air, le calme de la solitude, le spectacle toujours nouveau de la mer et d'un horizon sans limites : *Salubris habitantibus et amœna!* Hâtons-nous de voir comment cette même Providence prodigua à son fidèle serviteur, plus généreusement encore, les richesses surnaturelles; comment se réalisèrent les pieux désirs de son âme sacerdotale de goûter en ces lieux bénis le charme de la piété, de nourrir l'esprit par l'étude, de respirer la bonne odeur de Jésus-Christ: *Studiis favens ac pietati et semper redolens amorem Jesu!* Ce sont, en

1. I, Cor. III, 6.

effet, ces grandes et saintes choses, bien plus que
les murs d'un édifice ou les riches plantations
d'une propriété, qui constituent un Grand Séminaire.

CHAPITRE SIXIÈME

M. GIRARD DANS LE GOUVERNEMENT INTÉRIEUR DU
GRAND SÉMINAIRE. — ÉTUDES. — DISCIPLINE.
— PIÉTÉ. — RÉSULTAT PRATIQUE. — COMMENT
IL SE JUGEAIT LUI-MÊME.

Le lecteur n'a pas oublié, sans doute, que M. Girard, à peine entré au Grand Séminaire de Clermont y trouvait « un bonheur sans égal », il se
rappelle aussi que le principal motif de son enthousiasme à son départ pour Alger était l'espérance
d'y établir une œuvre si importante. Ces dispositions intimes, qui, loin de s'affaiblir, se fortifièrent
par le temps et par les obstacles, prouvent assurément que la divine Providence le préparait de loin
à la sanctification du jeune clergé algérien. Voici,
d'ailleurs, quelles étaient ses convictions sur les
grands séminaires en général, et en particulier
sur celui de Kouba : « Pour la fondation d'un
Grand Séminaire, il faut un règlement, des professeurs et des livres, voilà pour la discipline et la
science ; mais ce qui est le plus nécessaire, c'est

de remplir les élèves de l'esprit du sacerdoce chrétien, et cela ne peut se faire que par une multitude
de moyens communiquant la grâce, seule capable
de faire de bons prêtres!

« Pour opérer cette œuvre, il faut prendre les
moyens. N'ayant rien, c'est la bonne position : car
on a tout, vu que la prière à Dieu reste toujours et
remplace tout !

« Plusieurs me diront : Vous avez dû travailler
et souffrir beaucoup pour faire ce Séminaire.
Grande erreur ! J'ai fait ce que j'aimais le plus.
J'avais gardé le souvenir de mon Grand Séminaire,
comme celui du vrai bonheur sur la terre. Je voulais procurer ce bonheur à d'autres. »

Lorsqu'il parle du Séminaire d'Alger, on dirait
son langage inspiré : « Je croyais à un Séminaire,
comme si je l'avais déjà vu, écrivait-il dès l'année 1844. J'y croyais comme à une nécessité pour
le dessein de Dieu, parce que j'étais très persuadé
que Dieu voulait la religion chrétienne en Algérie ;
que c'était pour cela qu'il en avait fait faire la con-
quête par les Français : *Gesta Dei per Francos !*
Or il n'y a pas de religion chrétienne sans prêtres,
et il n'y a pas de prêtres sans séminaire, selon les
mœurs actuelles de la France ; et ces mœurs, ces
Séminaires, ces pépinières de prêtres passeront
tôt ou tard chez tous les peuples. Si un clergé peut
être comparé à un grand chêne, dont toutes les
branches reçoivent la même sève, dont toutes les
feuilles se ressemblent, quoique de différentes gran-

deurs, le Séminaire est le germe, le gland qui renferme le chêne. C'est au séminaire qu'on doit l'uniformité du clergé ; ôtez ce séminaire, chacun vivra, s'habillera, priera, officiera à sa façon. C'est avec raison qu'on a dit qu'il est pour le clergé séculier ce que les noviciats sont pour les Ordres religieux.

« Comme je voyais clairement que la France n'était devenue maîtresse de l'Algérie que pour y faire régner Jésus-Christ à la place de Mahomet, pour chasser les démons et faire place à Dieu, j'en concluais un Grand Séminaire, et tout autre aurait conclu de même s'il avait adopté le même principe. D'ailleurs, la France devait porter en Algérie, comme elle portera partout où elle dominera, tous les éléments qui la font ce qu'elle est ; or le principal élément de sa vie et de sa force c'est sa religion ; il fallait donc s'attendre, dès le commencement à une manifestation de sa foi par l'établissement de toute la hiérarchie sainte. C'est ce qui est arrivé : *A Domino factum est istud, et est mirabile in oculis nostris* (1). C'est chose admirable, en effet, pour moi qui ai assisté à sa naissance et à son développement de voir aujourd'hui un Grand Séminaire en Algérie fonctionnant comme un séminaire de France. D'autres peuvent n'y voir que l'ouvrage des hommes, moi j'y vois le doigt de Dieu ! »

Dans les nouveaux habitants du camp de Kouba, il voyait « une armée pacifique, destinée à remplacer

1. Ps. CXVII, 23.

les vainqueurs des Arabes parce que leur œuvre était finie ; des soldats de Jésus-Christ qui devaient chasser Mahomet et établir le règne de l'esprit sur les ruines du culte de la chair ».

« Cette montagne bénie sera désormais, disait-il, un arsenal pour préparer des armes contre le démon, un asile de prière, une source de vie : *Erit fons patens* (1). L'eau de cette source coulera toujours et arrosera au loin toutes les jeunes plantes de l'Église. On y formera des ouvriers qui cultiveront les fleurs les plus belles, destinées à orner les autels aux jours des plus grandes solennités, et il s'écriait dans le ravissement : Gloire à Dieu ! Gloire à Jésus-Christ, le Maître du ciel, de la terre et de tous les mondes, pour une telle résurrection ! On l'avait chassé de chez lui, la porte vient de lui être ouverte : *Aperite mihi portas* (2) ».

Et il ne s'en tenait ni aux paroles, ni aux convictions, ni aux sentiments ; il réalisait par des faits visibles ces vœux intimes de son âme si sacerdotale, et, ajoutons, si française. Pendant plus de trente ans, il a secondé l'action divine pour former le clergé algérien, et avec quelle patience, quelle sagesse et, ce qui est consolant à dire, quel succès !

Lorsqu'on était encore à Alger, dans l'impasse Sainte-Philomène, les études laissaient beaucoup à désirer ; mais l'installation à Kouba amena sur ce point des réformes importantes. En même temps

1. Zach. XIII, 1.
2. Ps. CXVII, 19.

que l'heureux état des santés et le calme de la solitude favorisaient le travail, un souffle énergique
soulevait les esprits. Les séminaristes prenaient
goût aux questions théologiques, historiques, liturgiques ; ils s'en préoccupaient. Quelques caractères
ardents se passionnaient même outre mesure, surtout quand il s'agissait de controverses vivement
débattues alors ; il en résultait des disputes ani-
mées jusque dans le temps des récréations ; mais
si une telle ardeur servait à développer l'intelligence, elle n'allait jamais jusqu'à altérer la charité.
La présence de Monseigneur Pavy à quelques thèses
publiques, et l'habileté du docte Prélat à poser des
objections aux répondants, encourageaient cet élan.
On désirait plus qu'on ne redoutait de le voir,
deux fois chaque année et à l'époque des ordinations, présider les examens ; ce fut aussi par son
initiative qu'un auteur unique, Thomas de Charmes,
fut substitué à Bouvier et à Gury, suivis jusqu'en
1861, le premier pour le Dogme et le second pour
la Morale. Le soin donné à l'étude de la Théologie
ne faisait pas oublier les autres branches de la
science sacrée. Il y eut plus d'exactitude et de
perfection dans le chant aussi bien que dans les
cérémonies ; les langues vivantes, dont la connaissance semblait indispensable, occupaient les rares
loisirs des élèves les plus zélés ; l'un d'eux faisait régulièrement la classe d'espagnol ; l'arabe en attirait
quelques autres en attendant qu'on obligeât tout le
monde à l'étudier, pour l'abandonner bientôt et y

revenir plus tard. M. Girard ne se contenta pas d'encourager ce mouvement, il prit sa part dans le travail, et se chargea, au moins pendant quelques années, de l'explication des Épîtres de saint Paul qui a lieu le dimanche soir. Aucun de ses anciens élèves ne trouverait l'affirmation exagérée si l'on disait qu'on allait à cette classe comme à une fête. Par ce simple exposé, d'une rigoureuse exactitude, on peut conclure que les études, au Grand Séminaire d'Alger, n'avaient rien à envier à ce qui se pratique dans nos Séminaires de France, cela soit dit à l'honneur d'un clergé dont une certaine opinion vante le dévouement pour avoir le droit de méconnaître sa science.

Plus marqué encore était le progrès dans la discipline. « Dès les premières années, disait avec simplicité M. Girard, il n'y avait pas de règlement, chacun vivait, à peu près, comme il voulait. Cependant nous avions une tendance et une aspiration vers le règlement. Chaque année et même chaque mois, amenait une amélioration : un abus se produisait, on en voulait prévenir le retour, pour cela on faisait une défense ou une prescription nouvelle. Nous avons donc, en quelque sorte, tâtonné de 1843 à 1850 ; mais en cette dernière année parut le *Directoire ;* ce fut pour nous une grande ressource qui fit cesser toutes les incertitudes. Il fut mis immédiatement en pratique.

« Plus tard, en 1856, M. Fabre vint comme visiteur extraordinaire. Alors, nous composâmes le

Règlement d'après le *Directoire*. » Par une idée très heureuse, ce Règlement fut imprimé sur une grande feuille en forme de tableau synoptique et revêtu de l'approbation épiscopale ; on en plaça un exemplaire dans la cellule de chaque séminariste ; au commencement de l'année, le vénérable Supérieur en donnait un commentaire explicatif ; de temps en temps il rappelait à la communauté les articles menacés de l'oubli, et lorsque la négligence n'était que personnelle, il mandait auprès de lui le délinquant, lui montrait du doigt, sans rien dire, l'article écrit sur le tableau accusateur ; cette leçon, mêlée de sévérité et de douceur, ne manquait jamais son effet ! Aussi, les années, en se succédant, ne faisaient qu'affermir l'ordre et la régularité : plus de courses de fantaisie à Alger, plus de sorties à Pâques et à la Pentecôte, sous prétexte d'aller respirer l'air pur du printemps ; plus de ces congés extraordinaires que le *bon Père* accordait facilement au temps de l'*âge d'or* soit pour combattre les sauterelles, soit pour sauver les baraques envahies par les fourmis, soit simplement pour goûter le charme d'une belle soirée ! Les nouveaux venus s'étonnaient de trouver de ce côté de la mer toutes les traditions sévères de la France ; on en a vu qui avaient cru naïvement à l'obligation de compléter leur trousseau par une provision de cigares ! Heureusement l'illusion n'était pas de longue durée ! Quelques anciens, trop attachés aux souvenirs du passé, regrettaient ce qu'ils appelaient les privilèges de la liberté ; mais M. Girard, ravi d'un tel résultat, se félicitait d'avoir obtenu la construction d'un Séminaire régulier, qui contribuerait au recueillement, au silence, à la vie intérieure. Il se consolait de quelques défections, provoquées par la prétendue sévérité de la règle, en s'écriant : « Heureux départs ! Puisse cette gêne nouvelle faire disparaître les fausses vocations ! »

Mais il s'appliquait avant tout à développer la piété qui *est utile à tout et embrasse les promesses du temps aussi bien que celles de l'éternité* (1). Les principes de la vie intérieure, à un point de vue essentiellement pratique, avaient leurs développements complets dans le cours des trois années de Séminaire. Maître habile, il formait les jeunes élèves à l'oraison, par l'explication nette de la méthode et par ces *répétitions* si chères à saint Vincent dans lesquelles il savait maintenir la simplicité qui en fait le charme et le profit. Dans les lectures spirituelles, il commentait Rodriguez dont il avait même songé à faire une édition à l'usage des prêtres séculiers. Cet enseignement ne fatiguait jamais, tant il savait le rendre attrayant par des réflexions piquantes, par des traits qui se gravaient dans la mémoire et par des interrogations imprévues ; c'était là encore qu'il rappelait au devoir tantôt par des avis généraux, assez précis cependant pour ne pas manquer le but, et tantôt par une interpellation directe. Son autorité aussi aimée que respec-

1. I, Tim. IV, 8.

tée lui permettait cette forme sévère, peu usitée d'ordinaire dans les Grands Séminaires. Du reste, ses moindres observations étaient toujours appuyées sur quelque passage de la sainte Écriture qu'il appliquait avec une remarquable justesse. La dévotion à Notre-Seigneur était le sujet le plus ordinaire de ses exhortations. Voici en quels termes il a exprimé les sentiments de reconnaissance qui débordaient de son cœur : « Sainte Eucharistie, vivante et vivifiante personne de Jésus ! Combien je vous rends grâces pour le bien que vous avez fait et que, chaque jour encore, vous faites à ce Séminaire ! Non, parmi les causes de sa prospérité, vous n'êtes pas la moindre. Je suis heureux de voir votre demeure placée au centre de toutes nos demeures, plus élevée, plus belle que les nôtres. De ce centre, où vous reposez bienveillant et bienfaisant, vous répandez la lumière, la joie et la vertu : *Deus in medio ejus, non commovebitur* (1). Le Maître puissant, riche et bon, habite au milieu du Séminaire, il sera ferme, rien ne pourra l'ébranler. Comme le cœur envoie le sang dans tous les membres du corps humain, ainsi Jésus, le cœur du Séminaire, enverra une vie surnaturelle dans tous les membres de son corps mystique. Cette chapelle bénie renferme la fontaine des grâces ; là nous irons puiser les eaux du salut qui rejaillissent dans la vie éternelle. » Déjà nous avons eu l'occa-

____

1. Ps. XLV, v. 6.

sion de constater avec quel empressement, avec quelle filiale confiance, il avait recours à la très sainte Vierge, aux saints protecteurs du Séminaire et à la *chère* sainte Philomène. Ces leçons de chaque jour, il les complétait dans les retraites générales et celles qui précédaient les ordinations, par l'exposé solide des grands devoirs du sacerdoce, car il prenait toujours pour lui la meilleure **part** du travail attaché à ces saints exercices.

Cet enseignement, en quelque sorte didactique de la piété, M. Girard savait en adoucir la sévère monotonie par mille pratiques pieuses qui renfermaient, en outre, l'avantage de former les futurs recteurs des paroisses aux saintes industries du zèle. Chaque année, selon les prescriptions liturgiques, la communauté parcourait les sentiers sinueux de la montagne en chantant les litanies des Saints, pendant les trois jours des Rogations. Les processions solennelles de l'Ascension, celles de la Fête-Dieu et de l'Assomption, toujours présidées par le pieux Supérieur, réunissaient le Séminaire et la paroisse : on venait de loin pour en admirer le bel ordre et la majesté, mais surtout pour s'édifier du recueillement qui en faisait le plus bel ornement. Les dévots pèlerinages au nouveau sanctuaire de Notre-Dame d'Afrique ou à la Trappe de Staouéli arrivaient en leur temps ; le corps y trouvait un utile délassement et l'âme en rapportait toujours une sainte pensée. Pour maintenir des émotions, trop souvent fugitives, une association fut organisée par les séminaristes eux-mêmes, sous le nom d'*Apostolat de la prière*. La pratique principale consistait à se réunir chaque samedi pour conférer pieusement sur l'observation de la règle et déterminer certaines prières. Ce lien de fraternité enchaînait, en quelque sorte, les cœurs au devoir ; plus tard, il servit encore à les unir dans l'exercice du saint ministère.

Ainsi à Kouba le travail, la régularité, mais surtout la piété, préparaient une génération sacerdotale que, malgré des préventions contraires, on peut sans témérité comparer au clergé de nos meilleurs diocèses de France. Quelques-uns de ceux qui avaient goûté le don de Dieu pendant leurs trois années de formation se vouaient à une vie plus parfaite en embrassant les règles de quelque institut religieux : on en a compté jusqu'à vingt qui entrèrent dans la Congrégation de la Mission dans l'intervalle de quelques années. Ceux que l'obéissance envoyait dans les postes les plus isolés du diocèse y conservaient avec reconnaissance le souvenir du Séminaire, et rien ne leur souriait plus que d'y revenir de temps en temps raconter leurs épreuves et parler avec le *Père* des joies du *bon vieux temps !* Il était rare qu'une journée se passât sans amener à la table commune un des fils de la grande famille ! De retour dans leur solitude, ils ne s'assujettissaient pas, sans doute, à toute la régularité d'un séminariste ; mais ils pratiquaient, à un degré souvent héroïque, la pauvreté dans le logement, dans la nourriture et l'ameublement, la générosité dans l'exercice du zèle, la patience dans les privations de tout genre, une soumission sans bornes aux ordres et même aux désirs de l'autorité. En 1867 et 1868, on les vit, en grand nombre, répondant à l'appel du nouvel archevêque, Monseigneur Lavigerie, parcourir la France, l'Allemagne, l'Espagne, la Belgique et même l'Amérique pour recueillir l'or de la charité en faveur des orphelins arabes. Ils renouvelèrent, en quelque sorte, au profit des victimes d'un horrible fléau, les prodiges de dévouement qu'on avait admirés au moyen âge dans les religieux rédempteurs. Aussi l'éminent Prélat put-il dire à M. le curé de la Cathédrale qui le complimentait à son retour de France, le 7 août 1868 : « Je me suis plu à répéter bien haut qu'il n'y a pas en France, à mon avis, un seul clergé supérieur à celui d'Alger par le dévouement ! » Complétant un si bel éloge, il écrivait le 1er janvier 1877 : « Je ne pense pas qu'il y ait au monde un clergé plus attaché à son pays que l'absence lui rend encore plus cher, plus étranger aux passions et aux luttes des partis, plus dévoué, plus sage, plus modeste, plus identifié aux souffrances, aux sentiments, aux aspirations des populations dont il partage la vie. » (*Lettre circulaire sur la situation faite aux séminaires.*) En 1878, l'illustre archevêque donnait à cette appréciation, déjà si honorable pour les prêtres de l'Algérie, toute la certitude d'une vérité historique, car il la formulait au Souverain Pontife en ces termes :

« Je dois rendre hautement cette justice au clergé du diocèse d'Alger qu'il peut être comparé au clergé des diocèses de France, sous le rapport de la régularité et de la discipline ecclésiastique, et qu'aucun autre ne le surpasse sous le rapport de la paix, de l'union fraternelle qui règnent dans son sein, aussi bien que de sa docilité, de son obéissance et de son attachement à ses supérieurs. Ici, Très Saint-Père, il n'y a jamais eu ni partis, ni divisions, ni controverses, ni querelles ; nous ne faisons tous qu'un cœur et qu'une âme et n'avons qu'une seule règle qui nous maintient dans cette heureuse voie, celle de notre fidélité à tous les enseignements, et à toutes les prescriptions du Saint-Siège.

« Je rends avec d'autant plus de bonheur ce témoignage à mon clergé, qu'il ne trouve pas toujours, ailleurs, la justice qu'il mérite et que des préjugés, que rien n'autorise plus depuis longtemps, l'ont fait, à tort, regarder comme inférieur à celui de la mère-patrie. » (*Compte-rendu de l'Administration du diocèse d'Alger, présenté à N. S. P. le Pape Léon XIII.*)

Des fruits si abondants et si merveilleux annoncent une sève vigoureuse ; ils font honneur à la main qui a cultivé des plants destinés à une telle fécondité : *A fructibus eorum cognoscetis eos* (1). Telle fut l'œuvre par excellence de M. Girard.

1. Mat., c. VII, v. 17.

Tandis que l'opinion publique lui assignait une place distinguée parmi les ouvriers de la première heure qui ont tant fait pour l'Algérie, son humilité réduisait à des proportions bien modestes la part de succès dus à la sagesse de son gouvernement. Écoutons-le se juger lui-même avec sévérité, mais sans jamais se départir de ce rare bon sens pratique qu'il semblait avoir reçu de saint Vincent comme un précieux héritage :

« En 1848, j'avais à opter entre la maison d'Alger et le nouvel établissement de Kouba. Toutes les autorités me laissaient le choix. Le Grand Séminaire l'emporta. J'ai souvent eu des inquiétudes de conscience à ce sujet, car je craignais en me plaçant moi-même d'avoir été contre la sainte volonté de Dieu, à qui je demande pardon de cette faute, si c'en est une, comme de beaucoup d'autres plus certaines et plus graves. A Paris on exauça ma demande ; j'étais heureux de penser que je vivrais dans un Séminaire, que ni mes yeux ni mon cœur ne rencontreraient de séduction, que je respirerais un air de piété.

« Chose étonnante ! Souvent je me souvenais de ce que je regardais comme un fait et une vérité, savoir que je n'avais pas les qualités d'un supérieur de Grand Séminaire ; que je n'étais capable ni de diriger les études puisque je n'avais aucune science théologique, ni de façonner les élèves à la discipline ecclésiastique et aux vertus sacerdotales. Et malgré ce souvenir, cette conviction, je me faisais ma place, je m'offrais pour prendre la conduite du Séminaire ! Oh ! combien je demande pardon à Dieu de ce que, dans la pratique, je me méconnaissais !

« Cependant, pour compenser un peu ce qui me manquait, j'avais quelques idées fixes dont je me faisais des règles de conduite. La première, c'était de ne jamais tolérer le mal dans le Séminaire, m'appuyant sur ce texte que j'ai toujours aimé : *Noli quærere fieri judex, nisi valeas virtute irrumpere iniquitates* (1). De là, je renvoyais impitoyablement à la première faute. Cette sévérité aurait, sans doute, été déplacée en France, mais ici le mal dominait alors et il fallait frapper fort.

« Une autre pensée qui me gouvernait, c'est que je devais écouter avec respect tout ce que mes confrères me diraient dans l'intérêt du Séminaire, les croyant plus éclairés que moi sur ce sujet, et j'ai beaucoup à me féliciter d'avoir cru à mes confrères qui peu à peu ont mis de l'ordre dans tout les offices et dans toutes les branches de l'enseignement. Comme sur un navire, je tenais le timon pendant que les professeurs, qui étaient tous jeunes, mettaient la main à tout, distribuaient les emplois et commandaient la manœuvre. Quand un professeur avait fait le bien pour lequel Dieu l'avait appelé, la Providence le déplaçait et en amenait un autre qui portait une nouvelle amélio-

---

1. Eccl., c. VII, v. 6.

ration. Les uns en arrivant mettaient la réforme dans l'ensemble du Séminaire, dans la lettre ou l'esprit qui aurait dû nous animer ; les autres se prononçaient pour une plus grande sévérité dans les appels aux ordinations. Tous ont fait beaucoup de bien, pas un dont on ne puisse dire : *Pertransiit benefaciendo* (1). Mais il y en a plusieurs qui ont fait un bien incalculable. »

Ceux qui ont eu le bonheur de vivre sous la direction d'un si prudent *pilote,* à l'époque de la plus grande prospérité de Kouba, c'est-à-dire jusqu'à la division des diocèses, conviendront facilement que tout n'est pas exagération dans ce jugement de son humilité. L'ardente activité de la vie apostolique l'avait peu préparé aux graves études des Séminaires ; son attrait pour les livres se bornait à l'étude de la Bible, il eût même été bon, disait-il agréablement, de se défaire de tous les autres et de ne conserver que celui-là. D'ailleurs, cette nature si vive, énergique pour soutenir le choc de l'épreuve, se prêtait difficilement à cette longue patience que réclame le maintien de la discipline, et sous ce rapport, aussi bien que dans l'organisation des études, il lui fallait ce que sa conscience appelait justement une *compensation ;* mais dans tout le reste il dominait avec une incontestable supériorité ; il forçait l'estime par la sagesse de ses conseils, par la prudence de sa

____

1. Act., c. X, v. 38.

conduite, par l'autorité de ses exemples, par la fascination de sa parole ; il entraînait les cœurs par l'amabilité de sa vertu et le charme de sa conversation. Quelquefois, pour continuer sa gracieuse allégorie, le capitaine semblait vouloir suspendre la manœuvre et diriger seul le navire ; il y avait alors dans l'équipage un moment de surprise, une sorte d'hésitation et de crainte, bientôt tout rentrait dans l'ordre, parce qu'il était comme impossible de s'attacher à des ombres en regard d'une si éclatante sainteté. M. Girard était donc réellement le centre de tout le bien qui s'opérait au Grand Séminaire. Nouveau Mathathias, établi avec ses cinq fils sur les montagnes, pour la défense de la loi, il fit l'œuvre de Dieu avec un grand courage couronné de succès : *Et prosperatum est opus in manibus eorum* (1).

1. Mac.. c. II, v. 47.

CHAPITRE SEPTIÈME

CONCOURS DONNÉ PAR M. GIRARD A L'ADMINISTRA-
TION DU DIOCÈSE D'ALGER. — PAROISSES. —
NOTRE-DAME D'AFRIQUE. — ADORATION PERPÉ-
TUELLE. — MISSIONS. — RAPPORTS INTIMES AVEC
MONSEIGNEUR PAVY. — M. GIRARD VICAIRE CAPI-
TULAIRE. — IL EST NOMMÉ VICAIRE GÉNÉRAL TITU-
LAIRE. — SA DÉMISSION.

Dans le cours des trente-six années que M. Girard a passées à la tête du Grand Séminaire, il a
vu trois prélats se succéder sur le siège d'Alger,
Monseigneur Dupuch, Monseigneur Pavy et Monseigneur Lavigerie, actuellement archevêque. Tous
ont eu recours aux conseils de sa longue expérience
et aux lumières que lui donnait la connaissance
parfaite d'un clergé formé par ses soins. Il a répondu à cette haute confiance avec un dévouement
qui n'a eu d'égal que sa modestie et sa prudence.

Son action se réduisit à peu de chose pendant
les trois ans qu'il travailla sous Monseigneur
Dupuch. D'ailleurs le temps de l'activité et des entreprises de zèle était passé ou n'était pas encore
venu : l'excellent évêque, épuisé par l'excès même
de la charité, était entré dans le voie ruineuse des
emprunts, il allait y succomber ; le clergé se montrait humilié et découragé ; quelques fonctionnaires

se prévalurent de ces embarras pour entraver l'œuvre de la religion. « On ne croirait pas, si on ne l'avait pas vu, a souvent répété le vénérable Supérieur, l'opposition que faisait au catholicisme l'administration civile ; elle ne voulait point de chapelle ni d'offices à l'hôpital afin que les malades n'allassent pas à la messe. J'ai vu des colons quitter leur village, abandonner leurs terres en pleurant parce qu'on ne leur donnait pas de prêtres ! En effet, de 1843 à 1846, je n'ai pas vu établir une seule paroisse. Nous étions traqués de toutes les façons quand nous voulions entreprendre quelques bonnes œuvres.

« Les choses en vinrent à tel point qu'il fut même question de retirer les filles de la Charité. Avant de le faire, M. Étienne alla trouver le roi Louis-Philippe qui empêcha le rappel et modéra un peu les tracasseries, mais ne changea ni les hommes, ni les sentiments. »

Un fait, qui eut du retentissement même en France, prouve que cette appréciation n'est pas trop sévère. Nous laissons encore à M. Girard le soin de nous raconter ce dont il a été témoin : « Pendant que j'étais gravement malade, dit-il, le comte Guyot, directeur de l'intérieur, m'écrivit une lettre contre le zèle des sœurs de l'hôpital. Plus tard, le même personnage adressa une très longue lettre à sœur Dubost, supérieure de l'hôpital civil au nom du gouverneur général. Par cette lettre, il ordonnait d'enlever de l'établissement tous les signes de catholicisme, et défendait aux sœurs de parler de Dieu aux malades. A cette défense, la supérieure fit cette belle réponse : « On m'arracherait plutôt la langue que de m'empêcher de parler de Dieu aux malades! » Sœur Dubost et moi portâmes la lettre du directeur à M. de Bar, gouverneur intérimaire, qui ne fut pas moins étonné qu'indigné d'apprendre qu'on couvrît de son nom des mesures si étranges. Il écrivit quelques mots et on ne parla plus d'enlever les objets pieux. »

En d'autres temps, la voix de l'évêque eût fait entendre d'énergiques protestations, intimidé les forts et encouragé les entreprises des faibles ; dans les malheureuses circonstances où l'on se trouvait, l'autorité épiscopale avait perdu tout prestige ; c'était donc se dévouer pour le diocèse que de sortir un instant de sa paisible retraite pour défendre les droits de la religion.

Du reste, la solitude de l'impasse Sainte-Philomène n'était pas sans fécondité pour le bien : on s'y préparait par la pénitence, le travail, la prière aux travaux futurs de l'apostolat, et déjà le ciel répondait à ces désirs du cœur par d'abondantes bénédictions. « Malgré toutes les oppositions des gouvernants, poursuit M. Girard, la religion gagnait du terrain. Les enfants, sanctifiés par les écoles, travaillaient leurs familles ; les prédications attiraient les fidèles ; l'esprit de Dieu agissait invisiblement, il y avait dans cette mauvaise population de généreuses aspirations, et le mouvement religieux se communiquait sourdement. »

Le 8 décembre 1845, le premier évêque d'Alger donna sa démission avec un calme, une résignation, une humilité qui laissèrent une profonde impression dans l'âme de M. Girard. « Dès ce moment, dit-il, nos grandes préoccupations furent d'obtenir à Monseigneur Dupuch un digne successeur. Nous ne cessâmes au Séminaire de le demander à Dieu et de faire des neuvaines à cette intention. Je ne pense pas que nous ayons fait plus de prières pour autre chose que pour le choix de notre futur évêque. Heureusement elles ont été exaucées ! »

Ce fut donc, en réalité, sous l'épiscopat de Monseigneur Pavy, que le vénérable Supérieur du Grand Séminaire mit au service du diocèse d'Alger cette activité de zèle qui est un des traits saillants de son caractère. On peut dire que dès ce moment il ne se fit rien de quelque importance, sans qu'il n'y prît une part considérable, quoique toujours discrète. Non seulement le nouveau prélat en fit, pour ainsi dire, l'oracle de son Conseil, mais, après la mort de M. Plasse, vénérable prêtre sulpicien, qui avait consenti, avec l'agrément de ses supérieurs, à travailler au rétablissement de la nouvelle église, il n'hésita pas à lui confier la direction de sa conscience. En retour de cette confiance presque sans limites, M. Girard voua à l'éminent évêque un attachement sans cesse soutenu par une sincère admiration et qui alla, on peut le dire, jusqu'à la tendresse.

L'établissement au camp de Kouba, la construction d'un édifice grandiose, l'acquisition des terrains nécessaires pour la tranquillité du Séminaire étaient dus, nous l'avons vu longuement, à l'énergique intervention de Monseigneur Pavy ; mais c'était l'intrépide Supérieur qui avait découvert le local, poursuivi fortement l'idée de s'y établir, insisté pour que Sa Grandeur en fît la demande ; c'était lui encore qui obtenait par le secours de ses prières, et souvent même par une intervention directe, les crédits demandés pour la continuation des travaux. A ce point de vue, et sans porter la moindre atteinte à la gloire du chef du diocèse, il faut reconnaître qu'une bonne part de la reconnaissance, justement accordée à ce dernier, revient à son infatigable coopérateur.

Une Œuvre non moins importante, c'est la création des paroisses. En Algérie surtout, ces centres chrétiens favorisent tous les intérêts de la colonisation ; ils pourraient même devenir le meilleur moyen de prosélytisme à l'égard des indigènes que le spectacle de notre culte a l'heureux privilège de toucher. Monseigneur Dupuch, malgré les plus grandes difficultés, avait pu, en sept ans, ériger vingt-neuf paroisses. Son successeur, pendant un épiscopat de vingt années, eut la consolation d'en établir cent soixante-huit, qui, réunies à celles qu'on a créées depuis, forment aujourd'hui la florissante Église d'Afrique. Sans doute, l'évêque faisait les demandes ; il mettait toute son habileté et son énergie à stimuler la bonne volonté du Gouvernement ; mais le Supérieur de Kouba ne demeurait pas inactif : souvent il était le premier à signaler les besoins d'une population privée de tout secours religieux ; il insistait à *temps* et à *contre-temps* peut-être, pour qu'on s'occupât des formalités à remplir ; lorsque les dossiers étaient envoyés au ministère, les neuvaines commençaient sur la sainte montagne afin d'obtenir un prompt succès ; sa joie était grande, quand un avis officiel annonçait que les nouveaux postes — c'est ainsi qu'on s'exprimait alors — étaient accordés ; vite il préparait les ordinands, impatient de voir installer, sans trop de retard, le culte de Notre-Seigneur au milieu des nouvelles paroisses. « La Providence de Dieu, disait-il, s'est montrée visiblement en ce que le nombre des prêtres, fournis par le Séminaire, s'est toujours trouvé en harmonie avec les besoins du diocèse, en sorte que nous avons pu remplir tous les postes. Il n'y a jamais eu ni disette ni surabondance de prêtres qui fussent obligés d'attendre longtemps avant de pouvoir exercer le saint ministère. »

La Chapelle de N.-D. d'Afrique et le pèlerinage qui y est établi sont encore une des grandes œuvres de cet épiscopat, si fécond en salutaires institutions ; or Monseigneur Pavy a souvent raconté que la première idée lui en avait été suggérée par *son Père* Girard. Souvent celui-ci lui disait : « Monseigneur, vous avez fait beaucoup de choses en Algérie, mais vous n'avez encore rien fait pour la sainte Vierge ! et cependant, les pèlerinages font du bien ! » L'évêque répondait un mot spirituel et semblait passer outre, sans oublier une seule syllabe de cette parole pieusement émue. Le vénérable Supérieur revenait à la charge dans une occasion favorable ; C'est ainsi qu'il disait au prélat en 1855 : « Monseigneur, votre mandement de carême est-il sur la très sainte Vierge ? — Non, Père Girard ! » — Mais, tout en répondant non, l'évêque réfléchissait sérieusement, et les années suivantes, il écrivait l'*Appel* en faveur de N.-D. d'Afrique, le *Mois de Marie*, l'*Histoire critique du culte de la sainte Vierge en Afrique;* et le dimanche 14 octobre 1855, en présence de tous ses prêtres réunis pour la retraite, il bénissait la première pierre de la basilique actuelle de N.-D. d'Afrique. En vérité, si Alger doit à Monseigneur Pavy d'avoir, comme Marseille, Lyon, et tant d'autres villes, son sanctuaire célèbre, peut-elle oublier, dans sa gratitude, celui qui fut, pour nous servir d'une expression heureuse, « l'apôtre discret, mais persévérant » de cette sainte pensée ?

Une autre préoccupation qui lui tint fortement au cœur fut l'institution de l'Adoration perpétuelle du très saint Sacrement, telle qu'elle se pratique, à peu près, dans tous les diocèses de France. Le désir de faire entrer l'Algérie dans cette dévotion réparatrice fut provoquée par l'apparition scandaleuse du livre de Renan : la *Vie de Jésus*. M. Girard l'exposa à Monseigneur qui ne trouva pas à propos d'y donner suite. Il y revint peu de temps après, et le Prélat un peu ébranlé lui répondit : « Vous y tenez donc beaucoup ? — Beaucoup, Monseigneur ! » Cette affirmation énergique sembla faire cesser toute hésitation, à tel point qu'il fut comme résolu, séance tenante, qu'un tableau de toutes les églises et chapelles serait immédiatement dressé, que le mandement du carême prochain serait sur ce sujet et que les prédicateurs traiteraient, dans quelques-unes de leurs instructions, de la présence réelle. Tout ceci se passait en décembre 1863. Cependant l'institution n'eut pas lieu, on ne sait pour quel motif imprévu. Ce fut Monseigneur Lavigerie qui l'établit définitivement par Ordonnance du 20 novembre 1871 et en fit « l'époque la plus solennelle de l'année pour chaque paroisse, en y réunissant les principaux actes de la vie catholique, » c'est-à-dire ; les exercices de la retraite, la première communion, la communion pascale, quelquefois, et assez souvent, la visite épiscopale. Si M. Girard n'a pas coopéré par ses conseils à cette institution nouvelle que l'illustre prélat regardait comme « la meilleure et la plus féconde de son administration épiscopale », il l'a hâtée de ses vœux ardents ; il s'en est réjoui ; il a pu y voir la récompense de ses précédents efforts.

Ce fut encore M. Girard qui inspira à Monseigneur Pavy l'idée des missions. Il savait, par une longue expérience, tout ce que peuvent ces pieux exercices pour le renouvellement d'une paroisse. Les premiers Missionnaires furent établis dans la maison d'Alger à la suite d'une lettre fortement motivée, adressée le 8 janvier 1855 par le nouveau Visiteur à M. le Supérieur général ; mais en 1862, sur l'avis du Conseil provincial, M. Etienne les transféra à Kouba, où les relations semblaient devoir être plus faciles avec le clergé. Dès lors ils évangélisèrent, avec autant de zèle que de succès, un très grand nombre de localités dans les trois provinces. Aujourd'hui un calendrier inséré, chaque année, dans l'*Ordo* du diocèse d'Alger, fixe d'avance l'époque et la durée du travail. Ce ne sont pas, il est vrai, les exercices d'une mission proprement dite ; on se contente d'une retraite de huit jours qui se termine par la solennité de l'Adoration et quelques-unes des cérémonies dont nous parlions plus haut ; néanmoins, ce genre d'apostolat produit parmi les populations les fruits les plus abondants, et assure au zèle du Missionnaire un aliment perpétuel. Ce bien, il est juste d'en attribuer une part à M. Girard, puisqu'il en a été le plus ardent promoteur.

Quoique toujours modeste et mesuré en donnant son avis dans le Conseil épiscopal, il savait maintenir au besoin, avec fermeté, les règles de la discipline et ce qu'il croyait plus conforme aux intérêts du Diocèse, par exemple quand il s'agissait de refuser

des sujets douteux que le cœur trop généreux de
l'Evêque eût, peut-être, admis. Cette résistance
semblait déplaire d'abord, mais elle obtenait sûrement son effet, car le judicieux prélat savait trop
bien qu'elle était basée uniquement sur la conscience. Dans une circonstance que le vénéré Supérieur aimait à rappeler à ses intimes, cette sage résistance conserva à la Compagnie l'œuvre de Kouba.
A ce titre, on nous saura gré de la rapporter.

Au début de son épiscopat, Monseigneur Pavy
plein de l'idée, assurément séduisante, de ressusciter partout en Algérie le nom, la science et les
vertus de saint Augustin, avait comme résolu de
confier les Missions, le Grand et le Petit Séminaires à des religieux de Rome qui portaient le
nom et suivaient la règle du grand Docteur. Deux
séminaristes de Kouba, reçus en qualité de novices dans cet ordre naissant, pressaient la conclusion de cette affaire ; les conventions étaient
déjà arrêtées de part et d'autre. Cependant
Monseigneur voulut prendre, dans une séance
de son Conseil, l'avis de chacun des membres.
M. Girard interrogé le premier, pria Sa Grandeur de ne lui donner la parole qu'après tous
les autres puisqu'il se trouvait en cause. Lorsque
tous eurent opiné pour l'adoption du projet, il se
contenta de dire : « Il me semble, Monseigneur,
que les nouveaux ouvriers, ayant leur centre à
Rome, ne manqueront pas d'y prendre leurs inspirations, d'y porter leurs observations et peut-

être leurs plaintes sur une foule de questions locales, ce qui ne serait pas sans quelque inconvénient pour l'autorité diocésaine. » L'Evêque fut frappé de cette remarque. Il la trouva si juste, si prudente, qu'il s'étonnait de ne l'avoir pas faite lui-même. Il reprocha en termes vifs à l'un de ses vicaires généraux de ne pas la lui avoir suggérée plus tôt. Et il ne fut plus question des religieux de saint Augustin !

Ce n'était pas seulement dans les Conseils, d'ailleurs assez rares, que l'Evêque consultait *son Père* Girard : il lui confiait ses projets intimes, ses préoccupations et jusqu'à ses peines de famille. Cette grande âme, cet esprit supérieur, semblait ne trouver de sécurité que dans l'approbation de ce sage conseiller. Il voulut l'avoir à ses côtés dans ses fêtes religieuses de Saint-Eugène, au synode diocésain, au Concile d'Aix, dans le procès du martyr Géronimo, moins pour en appeler à la science des principes en laquelle le docte prélat excellait, que pour soumettre les questions pratiques à ce rare bon sens qu'il ne trouvait jamais en défaut. S'il venait de temps en temps, en dehors des retraites générales, se recueillir à Kouba, c'était, en quelque sorte, pour subir l'heureuse influence de la sainteté de son père spirituel.

« Le *Père* Girard, écrivait-il, dans une de ces retraites, m'a dit avec beaucoup de calme : « Monseigneur, vous pourriez être un saint!... » Cette parole m'a remué. En effet, qu'est-ce que Dieu n'a pas fait pour moi dans l'organisation, dans la naissance, dans l'éducation, dans la vocation? Pas de tentations que celles que je cherche moi-même, point de respect humain; le goût naturel des choses de Dieu, une large disposition à aimer et à pardonner ! » Par ces pieuses réflexions, on peut juger de l'influence qu'avaient sur l'âme du fils spirituel ces entretiens intimes. Les vertus aimables qui en furent le fruit durent attirer d'abondantes bénédictions et sur le pasteur et sur le troupeau : quel mérite n'en revient-il pas à celui dont la sage direction seconda si heureusement les mouvements de la grâce? Aussi rien n'altéra jamais cette filiale confiance; l'illustre prélat lui en donna des preuves jusque dans les bras de la mort, puisqu'il voulut recevoir les derniers sacrements de la main de son *Père* Girard. M. le doyen du Chapitre, cédant gracieusement ses droits à ce dernier, fut heureux d'accorder à son Evêque cette suprême consolation.

Vers la fin de l'année 1866, la vacance du siège vint fournir à M. Girard une nouvelle occasion d'exercer son zèle et son dévouement pour le Diocèse. Simple témoin d'abord de quelques agitations passionnées qui suivirent la première élection d'un Vicaire capitulaire, il se contenta de gémir et de donner l'exemple de la soumission à l'autorité que, de bonne foi, il croyait légitime. Un peu plus tard, nommé successivement administrateur de la *Mense* épiscopale, et second Vicaire capitulaire, il employa toute son activité à ramener et à maintenir la paix. Dans ce but, il n'hésita pas à s'embarquer le 1er janvier 1867, pour aller exposer au métropolitain, l'archevêque d'Aix, l'état des choses et des esprits; de là, il se rendit à Paris afin de prendre conseil de ses supérieurs dans des circonstances si délicates. Sa présence au Ministère, où il était avantageusement connu, ne fut pas sans influence sur la prompte nomination des titulaires aux nouveaux sièges d'Oran et de Constantine. De retour à Alger, on le vit s'empresser de porter des secours et des consolations aux victimes d'un terrible tremblement de terre à Mouzaïa et à El-Affroun, insister pour la tenue régulière des Conseils administratifs à l'évêché, défendre les intérêts de la discipline, et prendre volontiers sur lui l'odieux des mesures sévères. On peut dire que la vénération dont il était l'objet de la part du clergé contribua singulièrement à la pacification des esprits, un instant divisés par les événements qui suivirent la mort de Monseigneur Pavy. Néanmoins, il comprit mieux que jamais tous les inconvénients qu'il y a à partager la solidarité d'une administration, alors que l'autorité repose sur plusieurs têtes; aussi s'empressa-t-il de rentrer dans le calme de ses modestes fonctions aussitôt que Monseigneur Lavigerie eut été préconisé.

Ce fut le 15 mai 1867 que le nouvel archevêque prit possession de son siège. Les deux Vicaires capitulaires, MM. G. Stalter et Girard s'empressèrent d'aller à bord du *Caton* pour prendre les ordres du prélat et recevoir sa première bénédiction. Au sortir de la Métropole, le clergé fut reçu immédiatement par Sa Grandeur dont les paroles fermes annonçaient un gouvernement énergique. On a conservé le souvenir d'une réponse pleine d'à-propos que fit, en cette occasion, le Supérieur du Grand Séminaire : « Demandez à M. Girard, dit d'un ton bienveillant Monseigneur, ce que je lui ai dit à Nancy ! » Il s'attendait à ce que son interlocuteur rapportât cette parole, qui en effet, avait été prononcée : « Annoncez que je serai sévère ! » Mais M. Girard reprit, sans se déconcerter : « Monseigneur, vous m'avez dit que vous mettriez six mois à regarder, six mois à réfléchir et que vous agiriez ensuite ! » La citation était authentique, car le prélat avait déclaré, dans une autre occasion, tenir cette maxime du pape Pie IX. Elle fit sur l'assemblée une heureuse impression, et M. Girard, ravi de provoquer ainsi un premier mouvement de confiance filiale envers le nouveau Pasteur, se félicita secrètement d'avoir, pour cette fois, préféré la *prudence du serpent* à la *simplicité de la colombe.*

Après avoir rendu ses comptes d'Administrateur de la *Mense* épiscopale, il espérait n'avoir plus qu'à s'occuper désormais de la direction du Séminaire ; mais la confiance de Monseigneur Lavigerie lui imposa d'autres sollicitudes. Nommé successivement Vicaire général (1) titulaire, chargé

1. 22 mai 1867

de la haute direction des établissements diocésains, Official (1), Supérieur de l'orphelinat arabe de Benaknoun (2), et, au départ de Monseigneur pour le Concile, administrateur des établissements de bienfaisance (3), il redoubla d'activité et surtout de prudence pour remplir convenablement des devoirs si graves et si nombreux. Le fardeau de sa charge de Supérieur du Séminaire n'en avait pas pour cela été allégé ; il s'était, au contraire, aggravé de mille complications intérieures et extérieures: le Petit Séminaire venait d'être transféré à Kouba et réuni au Grand ; de notables modifications avaient été opérées dans l'administration temporelle de ces établissements ; la présence des élèves d'Oran et de Constantine créait, avec les nouveaux évêques, des relations qui n'étaient pas sans difficultés ; c'était un nouvel ordre de choses à organiser, en *marchant*, selon l'expression de l'Écriture, *sur le bord du précipice* (4).

Ce fut donc pour obéir à des scrupules de conscience et, sans doute aussi, parce que les forces ne se trouvaient plus à la hauteur du dévouement, qu'il pria humblement Monseigneur, au mois de juillet 1870, d'agréer sa démission de Vicaire général. Sa demande ne fut pas exaucée, et il dut, pendant quelques mois encore, continuer l'exercice

1. 13 mars 1868.
2. 16 février 1868.
3. 3 novembre 1869.
4. Eccl. c. XIII, v. 16.

de ses pénibles fonctions. Rendu enfin à sa chère
solitude, sur de nouvelles instances, il consacra
tous ses soins à sa famille spirituelle, composée à
peine de trente membres depuis que le Petit
Séminaire avait été installé de nouveau à Saint-
Eugène, et les élèves des deux autres Diocèses
rendus à leurs Évêques respectifs. Depuis ce moment jusqu'en 1877, il ne fit plus partie du Conseil
archiépiscopal et ne prit plus de part active à l'administration du diocèse. Le repos complet dut
coûter à cette nature ardente ; mais il pouvait s'en
consoler par la pensée d'avoir été le serviteur
fidèle et *prudent,* à qui le Maître réserve une
récompense digne de ses longs services.

CHAPITRE HUITIÈME

ŒUVRE DE LA CONVERSION DES ARABES. — ESSAI
DE CATÉCHUMÉNAT. — CÉNACLE. — ORPHELI-
NATS. — MISSIONS ARABES.

Les intérêts du Séminaire et du Diocèse n'absor-
baient pas tellement l'activité de l'intrépide Missionnaire qu'il n'en réservât une bonne partie pour
travailler, dans la mesure du possible, au salut des
Arabes. Avant tout, et selon une habitude dont il
ne dévia jamais, il eut recours à la prière, car si

c'est la grâce seule qui convertit, c'est la prière qui en ouvre les trésors. Dès les premières années de l'établissement du Séminaire, il régla que les élèves réciteraient un *Pater* et trois *Ave* pour la conversion des Arabes, avant et après la messe de communauté, pratique qu'on a toujours observée depuis. Bientôt il joignit les œuvres à la prière.

Déjà, nous l'avons vu, un essai de catéchuménat avait été tenté lorsqu'on habitait encore l'impasse Sainte-Philomène. Les Arabes venus de Constantinople n'avaient pas répondu aux vues charitables de leurs bienfaiteurs; on pouvait espérer qu'il en serait autrement pour les Algériens. Dans cet espoir, M. Girard, avec l'autorisation, on pourrait presque dire par ordre de Monseigneur Pavy, acheta, près de Birkadem, paroisse limitrophe de Kouba, une petite maison de campagne, avec ses dépendances, dans le but d'y établir un catéchuménat. L'œuvre fut placée sous la protection de Saint Joseph qui donna son nom à la nouvelle propriété. Il s'agissait simplement de recueillir là de pauvres petits Arabes, sans parents et vagabonds. Sans exiger ou recevoir d'eux aucune rétribution, on les nourrissait, on leur enseignait à parler et à lire en français, à écrire, à calculer; par de sages avis, de paternelles réprimandes, des instructions appropriées à leur âge, la prière et le bon exemple, on s'efforçait de faire naître et d'imprimer dans leurs cœurs certains sentiments de dignité, l'amour de l'ordre, la volonté du bien, l'horreur du vice, le goût du travail, la crainte de Dieu, toutes choses fort inconnues dans les ruisseaux d'Alger d'où on les avait tirés !

Tout cela ne constituait, assurément, aucun attentat contre n'importe quelle liberté. Cependant on s'en alarma. Des dénonciations malveillantes, exagérées, ayant été faites au parquet d'Alger, où M. Achille Marrast était procureur général, le petit troupeau fut dissipé, et M. Girard, accusé de *détournement de mineurs, d'exploitation des enfants Arabes par le travail!* et menacé même de la prison. Tout au moins son départ avait-il été résolu, puisque M. Martin, un des Assistants de la Congrégation, était déjà arrivé de Paris pour le remplacer. Heureusement les meneurs avaient compté sans l'énergique intervention de l'Évêque. Voici comment l'historien de celui-ci raconte le dénouement de cette petite tragédie.

« Un matin du mois de décembre 1851, Monseigneur Pavy fut étonné de voir entrer chez lui M. Martin, qui venait, disait-il, prendre la place de M. Girard, rappelé en France, par l'avis du Ministre de la guerre. Et comme le nouveau venu priait humblement le prélat de vouloir bien excuser la conduite imprudente de ses confrères de Kouba, Monseigneur lui répondit avec vivacité : « Non, Monsieur, je n'ai pas à excuser vos confrères, ils n'ont pas été imprudents ; ils ont suivi mes ordres, et je les défendrai jusqu'au sang. »

« Le général Pélissier, continue l'auteur que nous citons, remplissait alors les fonctions de Gouverneur général par intérim ; l'Évêque courut tout de suite au palais, et là, entre ces deux personnages, se passa une scène qui ne surprendra aucun de ceux qui les ont connus.

« Qu'est-ce que je viens d'apprendre, monsieur le Gouverneur? s'écria l'Évêque en abordant le général, qui en savait, sans doute plus long, que lui ; comment! on veut faire partir le Supérieur de mon Grand Séminaire, le père Girard? — Que voulez-vous que j'y fasse? répondit Pélissier, en nasillant suivant son habitude. Il y a eu des ordres positifs... Aussi pourquoi, diable ! va-t-il s'occuper de ces choses-là? — Monsieur le Gouverneur, reprit l'Évêque, si quelqu'un doit partir, c'est moi ! car j'ai approuvé tout ce qu'il a fait. — Connu ! connu ! riposta le général avec un certain air narquois, et le style parfois sans façon qui lui étaient familiers. Monseigneur Pavy ne put s'empêcher de sourire ; mais il ajouta aussitôt avec fermeté : Dans tous les cas, il ne faut pas qu'il parte. Vous pouvez l'empêcher, et il ne partira pas. — Eh bien ! je vous dis, moi, qu'il partira. — Non, cela n'est pas possible ; vous ne me ferez pas cet outrage... D'ailleurs je ne veux pas qu'il parte. — Ah ! vous ne voulez pas qu'il parte ! fit-il en éclatant de rire, car il aimait les hommes résolus et qui lui tenaient tête, eh bien ! gardez-le donc ; j'arrangerai ça. Mais dites-lui bien qu'il s'arrête et ne re-

commence plus. Il y a un tas d'imbéciles qui crient,
ça leur fait des affaires là-bas et ils se fâchent.

« Il allait continuer sur ce ton moitié amical,
moitié bourru, lorsque Monseigneur Pavy, dont
la bonne humeur était revenue, l'arrêta : « Est-ce
« que vous auriez envie de me faire un sermon ?
« lui demanda-t-il. Vous savez bien que j'en fais,
« mais que je n'en reçois pas. Allons, continua-t-il
« en lui serrant la main, arrangez cela. — Je tâche-
« rai, mais... — Connu ! connu ! s'écria à son tour
« l'Évêque, et ils se quittèrent les meilleurs amis
« du monde. » (1)

Ainsi fut apaisée cette bourrasque si menaçante.
M. Martin rentra à Paris et M. Girard continua
à gouverner son Séminaire. Sans se laisser in-
timider par les événements qu'on vient de raconter, il modifia l'exercice de son zèle, mais il
n'eut garde d'y renoncer. Le catéchuménat fut
transféré de la campagne au Séminaire. Là un séminariste eut le soin de surveiller les enfants et
de les instruire. Ils prenaient leur repas dans un
petit réfectoire à côté de celui de la communauté,
ils avaient leurs promenades et leurs exercices
réglés. Tant de soins donnaient le droit d'attendre
un résultat durable, il n'y eut que déception. Peu
à peu ils disparurent tous, et le grand nombre fut
tristement infidèle à la grâce du baptême.

Ces apostasies attristèrent le cœur du Mission-

1. Monseigneur Pavy. Sa vie et ses œuvres, par L. G. Pavy ;
T. I, c. X.

naire sans abattre son courage. Il se dit que l'apostolat dans les tribus, malgré la difficulté des temps, serait, peut-être, plus efficace que le catéchuménat à cause de cet attrait invincible que l'Arabe conserve pour la vie du désert. Dans cet espoir, où entrait un peu d'illusion, il entreprit par manière d'essai, l'*Œuvre de la mission arabe*. Pour former le noyau de cette petite société d'apôtres, il choisit quatre séminaristes, pieux et intelligents, auxquels quatre autres ne tardèrent pas de s'adjoindre ; établis dans le presbytère de la paroisse, dont le curé avait la jouissance quoiqu'il habitât au Séminaire en qualité de Lazariste, les huit élus commencèrent à se préparer à leur mission par la prière et le travail, c'était une modeste imitation du *Cénacle*, aussi le nouvel établissement en prit et conserva le nom.

Comme il eût été téméraire de compter sur le miracle de la Pentecôte, on ajouta aux autres études celle de la langue arabe. De temps en temps, M. le Supérieur réunissait la chère communauté pour lui adresser ses avis et ses exhortations. Ces conférences entretenaient parmi tous les membres une grande émulation de piété, une aimable cordialité, une courageuse charité pour exercer la correction fraternelle. Tout au-dedans semblait donc présager le succès. Rien ne manquait à l'extérieur, ni l'approbation épiscopale, ni le concours des supérieurs de Paris, toujours si prompts à favoriser les œuvres qui sont conformes à l'esprit de saint Vincent. On sembla même avoir franchi la plus sérieuse difficulté, par la prise de possession de la paroisse du Laghouat, oasis située en plein désert, à 400 kilomètres d'Alger, au milieu des tribus arabes ; mais l'heure de la Providence, pour la conversion des indigènes, n'avait pas encore sonné, et *l'Œuvre de la mission arabe* fut interrompue, on ne sait pas au juste pour quels motifs, après deux ans de fervente préparation. Néanmoins, les leçons de dévouement et de perfection reçues au *Cénacle* portèrent leurs fruits, car tous les *arabisants,* à l'exception de deux, entrèrent à Saint-Lazare. Ceux que la mort a épargnés continuent encore aujourd'hui à être de dignes fils de saint Vincent.

De 1856 à 1868, c'est-à-dire dans l'intervalle de douze années, M. Girard ne songea plus à poursuivre, par de nouvelles institutions, ses projets d'apostolat. Il se contenta de hâter, dans le secret du cœur par la ferveur de ses désirs, le jour de la miséricorde, tout en veillant à ce que la communauté récitât fidèlement chaque matin le *Pater* et les trois *Ave.* L'expérience avait singulièrement modifié ses idées sur cette question : « En arrivant ici, a-t-il écrit, j'espérais voir bientôt les Arabes se convertir, et il m'a fallu quinze ans pour revenir de cette illusion, partagée par tous les prêtres venant de France et même par les fidèles qui s'étonnent d'abord qu'on n'ait pas encore converti les Arabes. J'en ai vu plusieurs qui sont arrivés jusqu'au baptême ; mais je n'en ai pas encore vu un seul persévérer. » Il cite l'exemple de trois qui, après être entrés à la Trappe de Staouéli, ont apostasié et repris la route du désert. Peut-être n'eût-il jamais plus poursuivi autrement que par la prière le but désiré, si un événement tout providentiel ne fût venu, en quelque sorte, le forcer à reprendre l'œuvre du *Catéchuménat* et de la *mission arabe.*

A peine Monseigneur Lavigerie avait-il pris possession de son siège archiépiscopal qu'une cruelle famine décima la population arabe, surtout dans la province d'Alger. Des milliers d'orphelins se trouvèrent ainsi complètement abandonnés. Le prélat, ne prenant conseil que de sa charité, les recueillit par centaines, à la grande admiration de la France et du monde entier. Mais en leur sauvant la vie du corps, il entendait bien ne pas négliger celle de l'âme : l'occasion était belle pour réclamer en même temps la liberté officielle de la bienfaisance et celle de l'apostolat ; il ne pouvait être question, cette fois, *de détournement de mineurs !* L'intrépide Archevêque le fit avec une vigueur qui intimida, si elle ne fit pas entièrement disparaître toutes les oppositions systématiques. L'autorité toléra, plus qu'elle n'approuva, de si justes réclamations ; mais publiquement soutenu par l'opinion, Monseigneur Lavigerie établit des orphelinats pour les enfants arabes des deux sexes ; il entreprit même de fonder une Société de Missionnaires parlant la langue, et portant le costume des indigènes, destinée exclusivement à évangéliser l'Afrique.

Les anciennes tentatives de zèle, et les dispositions présentes du supérieur du grand séminaire étaient trop connues pour que l'illustre promoteur des œuvres nouvelles ne l'associât pas à tout le bien qu'il méditait. Ce fut donc à ses soins qu'il confia ses orphelinats, établis successivement à Benaknoun, à Saint-Ferdinand, et fixés définitivement à Kouba pour les filles, à la Maison-Carrée pour les garçons. Ici, sous la direction immédiate des nouveaux missionnaires, là, sous celle des sœurs de Saint-Charles de Nancy. Voyages fréquents, encouragements paternels, conseils pleins de sagesse, exercices spirituels, rien ne fut négligé de la part du zélé directeur, pour diminuer, le plus possible, les embarras d'une première installation, surtout pour maintenir la confiance, fortement éprouvée par les ravages du typhus. Lorsque Monseigneur allait en France solliciter des secours pour ses nombreux enfants, pendant toute la durée du concile du Vatican, c'était exclusivement sur la vigilance de son Vicaire général qu'il se reposait. La pensée de former des âmes à Jésus-Christ adoucissait pour celui-ci toutes les fatigues du travail.

Avec plus de joie encore il suivait les progrès de la Congrégation naissante! Sur le désir de Monseigneur, l'ancien directeur du *Cénacle* choisit et commença à former à Kouba les trois séminaristes qui devaient être les premiers missionnaires d'Afrique. Tous ne persévérèrent pas, mais l'un d'eux, le R. P. Deguerry, peut encore aujourd'hui rappeler à ses jeunes frères, en leur montrant la coupole de Kouba, qu'elle abrita le berceau de la Congrégation. A mesure que le nombre des vocations augmentait, il fut nécessaire d'établir ailleurs le noviciat, et de soumettre les sujets à une autre direction ; néanmoins, dans les occasions solennelles, comme à la prise d'habit et à la profession, M. Girard, intervenait toujours pour remplacer Mgr l'Archevêque absent, tant ce dernier avait confiance en ses lumières, et se reposait volontiers sur son dévouement ! Pour mieux s'en convaincre, il suffit de citer ce qu'il écrivait à son clergé, le jour même où Dieu appela à lui son fidèle serviteur : « Je le dirai comme un hommage de reconnaissance et de justice rendu à sa mémoire, il m'a constamment soutenu de ses sympathies et de ses prières, au milieu des contradictions que nos œuvres d'apostolat, auprès des infidèles de l'Afrique, ont suscitées à mon ministère. C'est lui qui m'a présenté les premiers ouvriers qui se consacrèrent à cette entreprise laborieuse, et je ne puis oublier que les dernières paroles que j'ai entendues de ses lèvres, au moment où il partait pour ce voyage d'où il ne devait pas revenir, étaient des félicitations pour le progrès de la Congrégation de nos Missionnaires, à la tête de laquelle il voyait avec joie l'un de ses disciples, et qu'il considérait comme désormais fondée, par les souffrances et le calme héroïque de ses membres. (1) »

Ce n'était pas encore, sans doute, ce grand mouvement de conversion que l'homme de Dieu avait rêvé en mettant pour la première fois le pied sur le sol algérien ; mais c'était plus que tout ce qui avait été fait jusque là. En effet, la plupart de ces orphelins et orphelines, régénérés par le baptême, continuaient à la Maison-Carrée et à Saint-Charles de Kouba, la pratique d'une vie chrétienne ; ceux et celles qui n'avaient pas encore obtenu cette grâce s'y préparaient par l'instruction, le travail et la prière. Bientôt, les plus âgés des deux sexes, unis par les liens du mariage, s'installèrent dans les villages de Saint-Cyprien et de Sainte-Monique, aux Atafs, près Milianah, réalisant là, par les bienfaits de Mgr l'Archevêque, et sous la direction des PP. de la Mission d'Afrique, l'idéal de deux paroisses modèles. En même temps, la nouvelle Congrégation *dilatait ses tentes,* comme parle l'Écriture, et les posait dans les postes les plus avancés de l'Algérie française, sur les sables brûlants du Sahara, au milieu des populations inhospitalières de l'Afrique équatoriale. En quittant ce monde, M. Girard emportait donc, avec le mérite de tout le bien personnellement accompli, la consolation d'avoir coopéré au progrès d'une œuvre si apostolique, et la ferme espérance que

1. Lettre circulaire pour annoncer la mort de M. Girard.

l'avenir lui réservait encore de plus grands développements.

———

CHAPITRE NEUVIÈME

DIVERSES ŒUVRES DE ZÈLE : PAROISSES DE KOUBA
ET DE MUSTAPHA-SUPÉRIEUR. — CLERGÉ. —
MISSIONS ET CONFÉRENCES. — FILLES DE LA
CHARITÉ.

Autour du camp de Kouba, devenu, comme on
l'a vu, le nouveau Grand Séminaire, se trouvait
une population assez nombreuse, attirée là précédemment par la présence des militaires ; c'est dire
que la foi, la morale et même la probité, si on en
excepte quelques familles de Mahonais, n'y étaient
pas beaucoup en honneur. Elle se divisait en deux
groupes distincts : le vieux et le nouveau Kouba.
Au centre du premier s'élevait une modeste église,
presque toujours déserte. Les habitants du second
vivaient à peu près étrangers à la pratique de tout
culte religieux. Cependant, les plus voisins du
nouvel établissement commencèrent à assister aux
offices dans la baraque transformée en chapelle.
M. Girard les accueillit cordialement, et leur
nombre augmentant peu à peu, il conçut la pensée
de travailler à la régénération morale de ces âmes
abandonnées. Le moyen pratique d'arriver à ce
but était de se charger de la direction de la paroisse.

On était sûr de faire plaisir au curé, très découragé d'un pareil état de choses ; les fidèles ne pouvaient que gagner à cette transformation ; l'œuvre principale, le Séminaire, y trouvait un utile complément, puisque les futurs prêtres pourraient être initiés, dans une certaine mesure, à l'exercice du ministère paroissial ; l'évêque en serait heureux, car il s'en était expliqué clairement au moment même où il obtenait le camp. La Providence semblait donc se prononcer clairement : en' conséquence, les supérieurs approuvèrent le projet, et un confrère fut nommé en 1848 pour diriger la paroisse, avec le titre de curé, sous les ordres du Supérieur. Le service divin continua de se faire encore pendant trois ans au Vieux-Kouba. En 1851, on loua dans le village nouveau une maison qui fut disposée en glise, surmontée d'un modeste clocher. Mgr Pavy en fit lui-même la bénédiction solennelle le 9 novembre de la même année, et y conféra les ordres sacrés à deux séminaristes. Dès lors la vie chrétienne sembla refleurir dans ces lieux désolés. La parole des Missionnaires s'y fit entendre régulièrement les dimanches, les jours de fêtes et aux retraites annuelles ; l'attrait des cérémonies ordinaires, l'éclat de certaines solennités, sagement distribuées dans le cours de l'année, l'entrain des chants sacrés, exécutés par toute l'assemblée des fidèles, attiraient les plus indifférents ; la dévotion à la sainte Vierge pénétra dans les familles par l'institution de la Confrérie du Rosaire et de l'Association des Enfants de Marie. Peu à peu les sacrements furent fréquentés régulièrement, surtout par les bons Mahonais, qui retrouvaient avec bonheur les habitudes de leur jeunesse et de leur île si catholique. Ce résultat consolant, toujours maintenu sous l'administration des prêtres du diocèse qui ont remplacé momentanément les prêtres de la Mission, M. Girard l'attribuait, après Dieu, au zèle de ses confrères. « Tous ont fait le bien, écrivait-il ; leurs œuvres sont devant Dieu, mais sous leur direction la paroisse a changé de face. Tout le monde connaît leur zèle ; mais ce que, peut-être, on n'a pas remarqué, ce qui est néanmoins digne de remarque, c'est la prudence avec laquelle tous ont conduit leurs affaires dans des temps difficiles, en sorte qu'il n'y a eu ni plaintes, ni luttes, ni conflits ; tout a été mené doucement et le bien s'est accompli sans bruit. » Son humilité oublie seulement d'ajouter qu'il en fut constamment l'inspirateur, l'âme et le soutien. Ainsi, le but principal se trouvait atteint, puisqu'il avait formé, sinon une *paroisse modèle,* comme la flatterie se plaisait quelquefois à le dire, au moins une image assez fidèle de ces populations sérieusement chrétiennes qui consolent la religion dans nos meilleurs diocèses de France.

Le succès sembla plus problématique au point de vue de l'utilité du Séminaire. Dans le principe, il fut réglé que la communauté assisterait le dimanche à l'office du soir, où M. le Supérieur adressait une instruction familière aux fidèles ; il en fut ainsi pendant une année. On se contenta ensuite de prendre part à quelques cérémonies plus solennelles, telles que les processions de la Fête-Dieu et de l'Assomption. Finalement, tout se réduisit à envoyer deux séminaristes à la grand' messe et aux vêpres du dimanche pour remplir, tour à tour, l'office de chantres. Sans doute, les avantages ne compensèrent pas les inconvénients, puisque ce service, tout restreint qu'il était, fut également supprimé. Aujourd'hui, une Ordonnance de Mgr Lavigerie, publiée le 28 octobre 1879, règle que « tous les séminaristes du Diocèse seront chargés, de concert avec M. le Curé et sous sa surveillance, des catéchismes de la paroisse de Kouba » ; que Sa Grandeur « se réserve de présider les catéchismes de cette paroisse avant les examens d'ordination, afin de juger de la manière dont chaque séminariste s'acquitte de cet office. » Cette sage mesure inspirée, sans doute, par les souvenirs de Saint-Sulpice à Paris, entièrement conforme d'ailleurs aux enseignements de saint Vincent, rendra à l'œuvre paroissiale, il est permis de l'espérer, ce caractère d'utilité pratique pour le Séminaire dont se préoccupait M. Girard. A ce point de vue, il s'en fût saintement réjoui, s'il en eût été témoin. Peut-être le ciel a-t-il déjà récompensé ses bons désirs !

Ce fut encore à l'activité de son zèle qu'on dut l'établissement de la cure de Mustapha-Supérieur que la Congrégation a conservée jusqu'en 1871. Lorsque les Dames de charité voulurent, en 1845, installer dans leur nouvelle propriété du *Danemark* les orphelines misérablement entassées à la Miséricorde, il fut question d'y établir aussi les filles de saint Vincent, et de les charger de l'Œuvre. Conformément au principe posé par la Communauté en acceptant la mission d'Alger, les prêtres de la Mission devaient avoir la direction spirituelle des enfants et des sœurs; c'était donc deux nouvelles maisons à fonder. Or les supérieurs de Paris se montraient fort opposés à la réalisation du double projet à cause des difficultés que présentait l'exécution. Les lettres échangées n'amenèrent aucune conclusion. Alors l'intrépide Supérieur de l'impasse Sainte-Philomène entreprit ce fameux voyage dont les circonstances seront racontées plus loin. Pendant ce temps, un confrère, M. Fraissignes, l'ami par excellence des soldats, prit temporairement possession de la cure de Mustapha-Inférieur, se proposant simplement de rendre service au titulaire M. Landmann qui se trouvait pour quelques jours en France. Mais par un de ces secrets de la Providence que M. Girard admirait tant, cette prise de possession devint définitive. En effet, les obstacles à l'établissement des Missionnaires disparurent presque miraculeusement, et le 27 septembre de la même année, date mémorable ! M. Duhiral remplaçait M. Landmann, en qualité de curé de Mustapha et se trouvait chargé de la direction spirituelle de l'orphelinat. Quelques années plus tard, une autre église paroissiale fut établie à Mustapha-Supérieur, à côté du palais du Gouverneur général. Mgr Pavy offrit gracieusement à M. Étienne le choix d'y établir ses Missionnaires ou de les laisser dans le poste déjà occupé de Mustapha-Inférieur. Le Supérieur général, sur l'avis motivé du Conseil de province, se décida pour la paroisse d'en haut à cause de la proximité de l'orphelinat dont il était chargé.

Là, comme à Kouba, les confrères qui se succédèrent pendant plus d'un quart de siècle, méritèrent l'affection des pauvres, l'estime des riches, la confiance de tous. La pratique de la religion fut mise en honneur, le culte public, célébré avec dignité, la parole de Dieu, annoncée avec fruit, quoique sans éclat. Loin de s'amollir dans ce site enchanteur et si envié, les ouvriers de l'Évangile en firent, pour ainsi dire, le noviciat d'un apostolat plus héroïque. On les a vus quitter Mustapha-Supérieur pour aller exercer leur zèle au Pérou, au Chili, dans la République Argentine, à Smyrne, ou même dans les premières charges de la Compagnie. Il n'y en a pas un dont on n'ait pu dire : *pertransiit benefaciendo!* Une large part de ce bien doit donc revenir à celui qui travailla efficacement à l'établir et le soutint par ses sages conseils.

Son zèle pour la sanctification du clergé ne s'exerça pas seulement dans la paisible enceinte du Séminaire.

« Il accomplissait en petit, selon son expression, à l'égard de ceux qui étaient dans le ministère, ce que faisait Moïse sur la montagne pour Josué combattant dans la plaine. » Et il ajoutait : « Il serait bien à désirer que les séminaristes soient bien persuadés qu'ils peuvent et qu'ils doivent soutenir par leurs prières ceux qui les ont devancés dans la vigne du Maître. La prière de la charité est d'agréable odeur devant Dieu. »

« A l'heure qu'il est (1875), continue M. Girard, j'ai un grand regret d'avoir peu prié et peu fait prier pour ce jeune clergé sorti de Kouba, et livré à mille dangers, à mille difficultés, quoique peu expérimenté. De là, découragement dans plusieurs. L'excuse de cette conduite est dans la préoccupation des affaires pour lesquelles je croyais devoir réserver toutes nos prières. J'espère que dans la suite il en sera autrement , » et de fait, ce soin pieux a occupé ses dernières années. Son bonheur fut au comble, lorsque Mgr l'Archevêque institua les exercices de la retraite du mois à Kouba : ces réunions de famille lui permettaient d'unir à la prière qui fortifie le conseil qui éclaire.

Pour faire naître des vocations, et élever les enfants dans une atmosphère, pour ainsi dire, toute sacerdotale, il provoquait et favorisait de toute son influence, l'établissement des Maîtrises. Il voulut même donner l'exemple en dotant la paroisse du Séminaire de cette utile institution. Il l'installa dans une maison située sur le versant nord de la propriété, en confia le soin, sous la direction du Curé, à un séminariste de choix, et lui-même se réserva la consolation d'encourager souvent par sa présence le maître et les élèves. Néanmoins, quand il fallut, après deux années d'essai asseoir l'œuvre définitivement, il sembla plus sage d'y renoncer. Le professeur fut envoyé au Petit Séminaire de Saint-Eugène, tous ses élèves l'y suivirent.

A Mustapha-Supérieur, le succès fut plus complet. Là aussi, sur les instances du vénéré Visiteur, une Maîtrise avait été établie. Les enfants qu'on y élevait se faisaient remarquer par leur piété, leur intelligence, leur bonne tenue. Des maîtres dévoués les formaient à l'étude de la langue latine, au chant et aux cérémonies. Le Supérieur de Kouba, suivi de quelques-uns de ses confrères, se plaisait à venir, de temps en temps, présider leurs examens ou leurs petites solennités littéraires. De ce modeste asile sont sortis de bons Missionnaires et des prêtres qui occupent aujourd'hui dans le diocèse un rang distingué. Leur reconnaissance n'oublie ni les Curés de Mustapha, ni le *bon Père Girard!*

Le temps des vacances lui offrit, pendant quatre années consécutives (1861-1864), l'occasion d'étendre à quelques diocèses de France les effets d'un zèle infatigable. En septembre 1861, il prêcha la retraite ecclésiastique à Pamiers ; l'année suivante, il fut réclamé à Amiens ; en 1863, il donna successivement ces pieux exercices à Meaux et à Carcassonne ; enfin, le clergé de Soissons l'entendit un an après. Partout sa parole ferme, puisée aux sources pures de la sainte Écriture, fut écoutée avec une religieuse attention ; l'air de sainteté répandu sur toute sa personne fit surtout une impression profonde ; et il faut bien qu'elle ait été durable puisque le Missionnaire appelé quelques années plus tard à l'honneur de lui succéder, en a recueilli des témoignages non suspects, particulièrement à Pamiers et à Soissons. Et cependant, voici comment il répondait à une nouvelle invitation : « Vous me proposez de prêcher la retraite ecclésiastique de X***. Je vous remercie de la confiance que vous me montrez ; mais comme une telle retraite exige une préparation *ad hoc* que je n'ai point faite, et que je ne me crois pas capable de faire, je vous prie de penser à un autre. Vous me direz : Vous avez prêché à Amiens, à Pamiers ? — C'est en effet, pour avoir vu, dans ces deux diocèses, ce qu'il fallait à un prédicateur de ces retraites, que je me suis convaincu que ce genre de ministère ne convient pas à un homme qui n'a rien de prêt. Je ne me sens propre que pour le peuple dont je me suis longtemps occupé. » Ce qu'il écrivait là, il l'a répété plus d'une fois dans les confidences intimes. Sans doute, si pour être prêt il faut avoir une riche collection de discours, savamment composés et péniblement appris, il avait jusqu'à un certain point raison de s'effrayer ; mais s'il suffit, pour être en droit d'enseigner ses frères, selon que l'insinue l'Évangile, *d'imiter le père de* *famille qui tire de ses trésors de quoi réparer les vieilles, ruines et pourvoir aux besoins nouveaux*, personne moins que M. Girard n'était autorisé à s'arrêter. Quoiqu'il en soit, les supérieurs respectèrent ses scrupules, et il n'exerça plus, en France du moins, cet apostolat trop périlleux pour son humilité.

« J'aime les missions, avait-il coutume de dire, et je m'intéresse vivement à leur succès : c'est le meilleur moyen, si ce n'est l'unique, de guérir les secrètes maladies de l'âme et de ressusciter les morts. Heureux qui conserve toujours la simplicité dans le langage et le dévouement au peuple... Je me réjouis de cœur quand j'apprends que les missions réussissent. C'est la *meilleure part*, car ce ministère est béni de Dieu. » Aussi, conformant sa conduite à ces sentiments, il se faisait un devoir d'interrompre quelquefois ses graves occupations de supérieur de Grand Séminaire pour travailler au salut du peuple. En 1865, les Missionnaires s'étaient engagés à prêcher une mission pendant le carême à N.-D. des Victoires, seconde paroisse de la ville d'Alger. C'était cette même église, on se le reppelle, d'où les prêtres de la Mission avaient été évincés dans les dernières années de Mgr Dupuch, à la grande douleur du Supérieur nouvellement venu de France. Mais il arriva que des circonstances impérieuses obligèrent l'autorité ecclé-

1. Mat. XIII, 52.

siastique à changer la destination des ouvriers désignés pour travailler à cette œuvre. M. Girard ne voulut confier à personne autre le soin de les remplacer ; il se chargea lui-même de la Mission, en acceptant néanmoins le concours de deux confrères.

Il ouvrit donc le 12 mars de cette année, ces saints exercices, avec tout le feu de la jeunesse, malgré ses 72 ans. Le concours fut immense aux prédications du soir, données sous forme de conférences dialoguées. On ne se lassait pas d'entendre *le bon Père !* Reprenant avec joie les habitudes de ce qu'il appelait le beau temps de sa vie, il se tenait toute la journée à la disposition de quiconque voulait lui confier le secret de sa conscience. A peine la fête de saint Joseph et l'impatience de ses enfants à lui offrir leurs vœux de bonne fête, purent-ils l'arracher à des occupations si conformes à ses goûts ; malheureusement il oublia trop les ménagements que réclamait son âge, et un refroidissement l'obligea, les derniers jours, à remonter à Kouba où il fallut la consigne sévère du docteur pour l'empêcher de revenir sur la brèche. Il n'en eut pas moins la consolation de voir que son travail avait porté des fruits abondants, puisque les communions pascales furent beaucoup plus nombreuses que les années précédentes.

En 1863, Mgr Pavy, retenu en France par ses quêtes en faveur de N.-D. d'Afrique, chargea *son Père* Girard de le remplacer pour prêcher à la

Cathédrale la retraite annuelle aux Dames de charité. L'humble fils de saint Vincent accepta par obéissance plus que par inclination, après avoir informé le P. Étienne de la volonté positive de l'Évêque. Il ne changea rien à sa manière simple ; il ne chercha pas éviter les sujets terribles, « pour leur substituer des vertus plus agréables. » Voilà pourquoi probablement, la chronique a mentionné que l'élégant auditoire, plein de vénération pour le *Père* Girard, trouva la morale du *prédicateur* un peu sévère !

Quatre années plus tard, alors qu'il était Vicaire capitulaire, Mme la duchesse de Magenta, qui l'honorait de toute sa confiance, le pria de faire quelques conférences pendant le carême à ces mêmes Dames de charité, que Mgr Pavy avait coutume de réunir le jeudi dans les salons de l'évêché. Il s'y prêta pour ne point contrister la pieuse présidente. Les réunions eurent lieu dans la chapelle des sœurs de la Miséricorde, et il prit pour sujet de ces entretiens la passion de N.-S. J.-C. Ce devait être le moyen, pensait-il, de faire entrer dans des âmes, hélas ! trop mondaines, la sève vigoureuse du vrai christianisme. L'empressement fut médiocre, en sorte que Mme la maréchale se crut obligée d'en faire ses excuses au vénérable conférencier. La précaution n'était pas nécessaire, car il croyait fermement avec l'Évangile que les pauvres et les petits sont plus près du royaume de Dieu que les riches et les grands.

Aux premiers s'adressaient donc toutes sés préférences. S'il avait choisi par foi et par raison la vie monotone des séminaires, il était comme entraîné par goût à évangéliser le peuple des campagnes. Ne pouvant faire des Missions proprement dites, il s'en dédommageait en prêchant le plus souvent possible aux paroissiens de Kouba. Indépendamment des instructions et des prônes qui lui étaient échus, ou dont il déchargeait gracieusement ses confrères, il donnait volontiers les exercices de la retraite pascale qui avait lieu chaque année dans la semaine de la Passion. Les petits enfants eux-mêmes étaient toujours admis à l'aumône de sa parole ; il leur parlait de Notre-Seigneur, de la sainte Vierge et de la *chère* sainte Philomène avec tant d'onction et d'intérêt que le discours finissait toujours trop tôt. D'ordinaire, la vieillesse éteint la vivacité du zèle ; chez M. Girard ce fut le contraire qui eut lieu. « Dans un corps affaibli et débile, dit un témoin des dernières années de sa vie, il avait une âme toujours jeune, à l'animation ardente, à la sensibilité facile à émouvoir pour les choses de Dieu.

« Ainsi, pendant l'année 1877-78, il s'occupa de la paroisse et y institua une association de prières pour la conversion des pécheurs de la localité : tous les jeudis, à 9 heures, il y avait une messe où l'on priait successivement la sainte Vierge, saint Joseph, saint Vincent, sainte Philomène et tous les saints. Le *Père* faisait ensuite une exhortation

sur la prière avec la sagesse d'un vieillard, avec la
piété d'un saint, avec l'imagination, l'ardeur et la
voix d'un jeune missionnaire. Ses paroles produi-
sirent un grand effet, mais plus grand encore, sans
nul doute, fut l'efficacité de cet admirable exemple
de zèle évangélique. De petites statuettes de Marie
immaculée, distribuées dans cet exercice du jeudi, et
religieusement conservées dans chaque maison de
Kouba, semblent continuer cet apostolat de la
prière. »

Si le zélé Missionnaire mettait tant d'activité au
travail du dehors, on ne s'étonnera pas du concours dévoué qu'il apporta, dès son arrivée en
Algérie, au développement des œuvres confiées
aux filles de la Charité. Il les trouva installées,
avons-nous dit ailleurs, à la Miséricorde et à l'Hô-
pital-Civil ; mais il fut l'instrument presque mira-
culeux dont la Providence se servit pour les établir
à l'orphelinat de Mustapha-Supérieur. Voici dans
quelles circonstances, comme il aimait souvent à
le raconter : Dans le principe, les Dames de charité confièrent les pauvres orphelines aux sœurs
de la Miséricorde ; celles-ci, déjà fort à l'étroit, se
virent obligées de les entasser en quelque sorte
les unes sur les autres, jusque dans les corridors.
Leurs protectrices auraient bien voulu les transporter à Mustapha-Supérieur, dans la maison du
Danemark qui leur appartenait ; les sœurs y auraient consenti de grand cœur ; la difficulté venait
de ce que les supérieurs ne leur permettaient pas de

scinder leur établissement. Cependant, il y avait urgence de donner de l'air et de l'espace à ces intéressantes créatures, aussi la pitié l'emportant sur tout autre sentiment, cette translation eut lieu le jour des saints Innocents, 28 décembre 1844. Le local était spacieux sans doute, mais délabré et dépourvu de tout. Les filles de saint Vincent prenaient un soin délicat de ces enfants; néanmoins que pouvaient-elles avec leur petit nombre, sans ressources, et dans un état si précaire? A peine ces pauvres orphelines étaient-elles installées que la maladie sévit constamment et que la mort en frappa plusieurs. Une nuit elles furent sur le point d'être ensevelies sous des ruines : la montagne sur laquelle s'élevait la maison s'entrouvrit, le terrain glissa tout d'une pièce et il se fit une crevasse béante et profonde que l'on voit encore. Heureusement le mouvement fut assez doux pour laisser intactes les constructions; une fois de plus, la Providence intervenait d'une manière visible. Il devenait néanmoins nécessaire de faire adopter l'établissement par l'État et par la communauté des filles de la Charité. Là on se heurtait presque à l'impossible, car d'une part, les circonstances devaient faire désespérer du succès au Ministère, et de l'autre, les réponses de M. Étienne étaient loin d'encourager à de nouvelles démarches.

« Un jour, lisons-nous dans les notes de M. Girard, je vois entrer dans ma chambre les deux professeurs de théologie, M. Domingo et M. Mathieu.

Le premier prenant la parole me dit : Nous sommes sortis tous deux de nos chambres, en même temps, sans nous être concertés, pour venir vous parler de la même chose. En venant ici nous nous sommes rencontrés et demandé mutuellement : Qu'allez-vous faire chez M. le Supérieur? — Lui dire qu'il doit aller à Paris dans l'intérêt de cette affaire des orphelines; c'est le seul moyen de la terminer. — Et moi, dit l'autre, j'y vais pour le même motif. — M. Domingo reprit : c'est chose bien singulière que cette coïncidence! On dit dans mon pays (l'Espagne) que la rencontre de deux personnes dans la même pensée délivre une âme du purgatoire.

« Ainsi, tous les deux insistèrent pour que je fisse le voyage de Paris auquel je n'avais jamais pensé. J'écrivis tout cela à nos supérieurs et, courrier par courrier, je reçus permission et même ordre de partir.

« J'entrepris donc cette traversée avec une certaine joie, mais aussi avec cette peine intérieure qui me vient de la timidité et que j'éprouve toujours quand je prévois que j'aurai à me présenter devant quelque grand personnage, à cause de ma maladresse. Madame de Bar, présidente des Dames de charité, était partie depuis quelques jours dans le même but que moi. Arrivé à Saint-Lazare, devant M. Étienne, j'avais à peine exposé mon affaire que tout était terminé. J'en étais ébahi; Madame de Bar, que je vis immédiatement, partagea ma surprise et ma joie. Restait à voir au Ministère un chef de bureau qu'on disait inabordable, intraitable, et duquel dépendait le traitement à accorder aux filles de la Charité. Madame de Bar et moi, après notre demande d'audience, nous nous présentâmes avec la plus grande inquiétude. Mais à peine eût-il dit une parole que nous fûmes bien rassurés : « Vous demandez « douze sœurs, nous dit-il, pour les orphelines, je n'ai « que six mille francs pour cette œuvre. » C'était, au moins, le double de ce que nous espérions !

« Aussi nous accueillîmes cette réponse avec une *résignation* toute reconnaissante. Le Ministre de la guerre sanctionna ces conventions par un décret du 15 mai, et quatre jours après il le notifiait au Supérieur général de la Compagnie des filles de la Charité. »

L'orphelinat était donc fondé et largement doté. On fit choix de douze sœurs, à la tête desquelles on plaça sœur Despiau en qualité de supérieure ; M. Duhirel fut nommé curé de Mustapha, comme il a été dit plus haut. Nous partîmes ensemble de France, et nous arrivâmes à Alger le 27 septembre 1845. »

Ainsi organisé, le nouvel établissement se croyait en paix ; mais on comptait sans les créanciers de Monseigneur Dupuch. Comme ils avaient pu s'assurer que la maison du *Danemark* appartenait réellement à l'Évêque, ils résolurent d'en faire saisir le mobilier. Le général de Bar eut vent de cette détermination la veille du jour où elle devait être exécutée. Vite il donne des ordres. Pendant la nuit cinq cents soldats vigoureux, secondés par les sœurs et les orphelines qui furent prévenues le soir, firent si complètement le vide que les huissiers, arrivés de grand matin le lendemain, ne trouvèrent plus que les quatre murs, et une statue de la sainte Vierge oubliée dans sa niche. Tout avait été transporté dans le palais de Mustapha, et cela sans blesser la justice, puisque les meubles étaient la propriété légitime des sœurs.

L'intervention de M. Girard ne fut pas moins efficace, quoique plus indirecte, dans la création de la maison de la Sainte-Enfance, à Kouba. Dans les deux familles de saint Vincent, tout le monde désirait là un établissement, soit pour donner un pied-à-terre aux filles de la Charité qui assistaient aux fêtes religieuses du Grand Séminaire, soit surtout pour avoir une école de filles, complément indispensable de l'œuvre paroissiale ; mais tout manquait, le local, l'œuvre, les fonds et l'autorisation.

Sur ces entrefaites, il fut résolu qu'on ferait une neuvaine à la Vierge du *Marabout*, petit monument arabe converti en chapelle sur la propriété du Séminaire, pour obtenir la guérison d'une supérieure malade dans une maison de France. Une députation de sœurs venait chaque matin d'Alger assister à la messe qui se célébrait dans cette pieuse intention. Un jour de cette neuvaine, M. Girard s'absenta et M. Vasseur, curé de Kouba, sœur Meslier

supérieure de la Miséricorde, et sœur Despiau,
allèrent visiter l'église de Birkadem, paroisse voisine, où le culte de sainte Philomène était en honneur. En chemin, il fut question de l'établissement
si désiré de Kouba. Sœur Despiau, naturellement
entreprenante, déclara avoir une œuvre toute prête
à y installer; sœur Meslier, toujours généreuse, promit de payer le loyer d'une maison, M. Vasseur
riait déjà de bonheur! Quand le soir il raconta
ses espérances au vénérable Supérieur, celui-ci,
tout en se tenant dans une prudente réserve, ne
put s'empêcher de penser à la fable de *la Laitière
et du Pot au lait!* Et cependant l'invraisemblable
allait devenir un fait, grâce à la bonne Providence
et à l'intrépidité de sœur Despiau. Tout à coup,
par une belle matinée, on voit arriver deux voitures portant deux sœurs de l'Hôpital avec sœur
Despiau, quelques petites filles, et tout un mobilier pour occuper une maison encore inconnue!
M. Girard, fort mécontent, ne voulut se mêler de
rien, néanmoins il laissa faire. On déposa les deux
sœurs, les enfants et tous les meubles sous un
caroubier, et M. le Curé, accompagné de sœur
Despiau, se mit à la recherche d'une maison.
Après bien des demandes inutiles, çà et là, le
maire leur loua enfin l'ancien presbytère, et avant
la fin de la journée, l'installation était terminée.
Elle ne fut que provisoire dans ce local, car quelques jours plus tard, sœur Despiau acheta une
propriété en dehors du village. A son départ pour

le Brésil, elle la revendit à la préfecture qui y fit même des réparations considérables et la céda enfin à la commune de Kouba en 1858. Dans le principe, l'œuvre consistait à recueillir les petits enfants dont les parents étaient malades à l'Hôpital, d'où lui est venue le nom de *Sainte-Enfance*. On y ajouta successivement les écoles communales et une sorte d'ouvroir interne. Cette fondation, on le voit, débuta par des actes un peu hardis, pour ne pas dire téméraires ; mais l'intervention bienveillante de M. Étienne régularisa tout. M. Girard n'eut pas le mérite de l'initiative, sans doute, néanmoins sa réserve patiente favorisa l'action de la Providence et la maison n'eut pas de protecteur plus dévoué.

Au début de son ministère à la Miséricorde, il seconda de tout son pouvoir le zèle des sœurs pour la préservation et la sanctification des jeunes filles. Dans ce but fut instituée, le 8 décembre 1843, la Congrégation des Enfants de Marie qui, en grandissant comme le grain de sénevé pour devenir un grand arbre, n'a rien perdu de ce parfum de piété qui s'exhala de sa tige encore tendre. Elle se composa d'abord de trois petites filles dont une seule avait fait sa première communion. Cette dernière devint plus tard fille de la Charité. La réunion se fit au commencement dans une petite sacristie ; mais bientôt, pour contenir toutes les associées, il fallut choisir l'appartement le plus spacieux de la maison. « Alors, racontait le pieux instituteur, une sainte émulation de modestie se communiqua de proche en proche, jusqu'au sein des familles, hélas! si corrompues. Aux grands jours des solennités, quand ces jeunes filles vêtues d'habits blancs parcouraient les rues de la ville, leur tenue faisait sensation; ces vêtements de pureté paraissant tout à coup, semblaient envoyés d'en haut pour prêcher la réforme des mœurs. » Elle était grandement nécessaire à cette époque puisque, selon « le témoignage d'une personne grave et bien placée pour connaître le véritable état des choses, il n'y avait, dans toutes les administrations, que deux ou trois ménages réguliers. » Une telle Association avait donc, dans les circonstances où l'on se trouvait, une utilité exceptionnelle, car elle fortifiait, par l'autorité de l'exemple, l'apostolat de la parole. Le mérite de M. Girard est de l'avoir compris avant même que le Saint-Siège eût confirmé cette institution par un privilège tout particulier. Aujourd'hui encore, plus de cent cinquante jeunes filles continuent à cacher sous le manteau de leur douce Mère leur foi et leur innocence; quelques-unes trouvent dans ces réunions de famille le goût d'une vie plus parfaite; la plupart y apprennent à devenir des épouses et des mères de famille véritablement chrétiennes; toutes sont fidèles à ces traditions de régularité et de ferveur qui remontent au berceau de l'œuvre.

Peu de temps après l'établissement du Grand Séminaire à Kouba, M. Girard fut déchargé de la direction des filles de la Charité, et ces fonctions furent confiées au supérieur de la maison d'Alger. S'il trouva un grand repos d'esprit en déposant la sollicitude officielle, il ne cessa pas un seul instant de prendre, en tout ce qui les concernait, la part réelle que lui permettait la prudence et que lui inspirait un intérêt tout paternel. Sa joie était grande quand il pouvait, auprès de l'autorité ecclésiastique, favoriser la création d'un nouvel établissement, ou dissiper les petits orages qui troublaient parfois la sérénité du ciel. Plus profond encore était son chagrin alors qu'il apprenait la suppression d'un établissement, comme cela eut lieu à Zurich, en 1856, et dix ans plus tard à Laghouat. A aucune des sœurs il ne refusait les conseils de son expérience, pourvu qu'ils fussent réclamés en esprit de *simplicité*. Pendant les retraites annuelles, il se mettait à la disposition de celles qui lui donnaient leur confiance, et le nombre en était considérable ; volontiers il acceptait de prêcher, car il croyait fermement que « la parole du Missionnaire est le moyen providentiel dont Dieu se sert pour maintenir dans la Compagnie des filles de la Charité la doctrine et l'esprit de saint Vincent. » En l'absence de M. D*** pendant la guerre du Mexique, il se fit un pieux devoir de donner à son tour la conférence mensuelle à la Miséricorde. Ses visites rares, courtes, toujours motivées, graves et cependant aussi aimables que cordiales, devraient servir de modèle à tous les prêtres de la Mission.

Les sœurs les désiraient, elles s'y édifiaient, elles en étaient heureuses, elles n'avaient pas le temps de s'y ennuyer vu que l'entretien ne s'étendait pas au-delà de quelques minutes. Ces apparitions, en quelque sorte fugitives, loin de diminuer la vénération dont le visiteur était l'objet, y ajoutaient encore s'il était possible : pour elles, plus encore que pour les étrangers, c'était de plus en plus le *bon Père !* Il en était ainsi en France dans les maisons qu'il parcourait pendant les vacances ; il suffisait même de l'avoir vu par hasard, dans le compartiment d'un wagon du chemin de fer, pour conserver cette impression profonde, indélébile, que produit la rencontre d'un saint.

CHAPITRE DIXIÈME

VERTUS DE M. GIRARD. — ESPRIT DE FOI. — CONFIANCE EN DIEU. — CHARITÉ. — PRUDENCE. — HUMILITÉ. — SIMPLICITÉ. — OBÉISSANCE. — AMOUR DE LA PRIÈRE.

Dans la Lettre circulaire adressée au clergé pour lui annoncer la mort et les obsèques de l'ancien Supérieur de son Grand Séminaire, Monseigneur l'Archevêque d'Alger a très heureusement appliqué au défunt ce passage de nos saints Livres : *Que le Seigneur, le Dieu d'Israël, qui a fait le ciel et la terre, soit béni d'avoir donné au roi David un fils si sage, si habile, si plein d'esprit et de prudence pour bâtir un temple au Seigneur.* (II PARALIP. II, 12.) Nous l'avons vu, en effet, déployer à Kouba dans la construction du double édifice spirituel et matériel, toutes les ressources de la nature et de la grâce ; il nous reste à le suivre dans les détails de la vie privée et dans la pratique de ces vertus modestes dont l'ensemble constitue proprement la sainteté.

« Il avait reçu de Dieu, dit l'illustre prélat qui l'avait si bien connu et apprécié, une vigueur de corps qui lui permettait de ne rien demander aux autres qu'il ne pratiquât exactement lui-même, une fermeté de caractère qui assurait la discipline, une bonté qui en tempérait la rigueur, une droiture qui inspirait la confiance, une finesse qui perçait aisément tous les détours et arrivait d'autant mieux à ce but que, selon le caractère de sa province natale, elle ne se laissait pas apercevoir, et, au-dessus de tout cela, les dons les plus élevés de la grâce et les plus pures vertus, la foi, le renoncement, le zèle, l'amour des sciences sacrées, le dévouement sans bornes à l'Église, la piété, l'innocence.

« Je lui ai souvent appliqué, dans mon esprit, pendant qu'il vivait, les paroles que Bossuet a consacrées à l'homme vénérable qui avait formé sa jeunesse sacerdotale. Je les répèterai publiquement sur sa tombe, aujourd'hui que l'heure de la vérité et de la justice s'est levée sur elle : « C'était un homme de l'ancienne marque, de l'ancienne simplicité... de l'ancienne probité, et nous lui rendrons tous ce témoignage que ses conseils étaient droits, sa doctrine pure, ses discours simples, ses réflexions sensées, ses jugements sûrs, ses raisons pressantes, ses résolutions précises, ses exhortations efficaces, son autorité vénérable. » Et pensez-vous, prêtres de l'Algérie, à quelque rang de la sainte hiérarchie que vous soyiez placés, que vous ne puissiez pas ajouter, comme moi, ce qu'ajoute le grand évêque de Meaux, en parlant du maître de la maison de Navarre : « Que ceux qui le consultaient, voyant cette sagesse, cette modestie, cette égalité de ses mœurs, le poids de ses actions et de ses paroles, enfin cette piété et cette innocence qui étaient toujours demeurées sans reproche, et admirant le consentement de sa vie et de sa doctrine, croyaient que c'était la justice même qui parlait par sa bouche ? »

« C'est ainsi, en effet, que nous l'avons vu, dans la direction de son Séminaire, dans l'administration de ce Diocèse, pendant sa longue vie, où chaque année, en couronnant sa tête de l'auréole d'une sainte vieillesse, le rendait plus digne de tous les respects, tandis qu'il ne travaillait lui-même qu'à s'y soustraire, jusqu'à vouloir, à la fin, ne pas conserver l'autorité de sa charge et s'enfermer tout entier dans le silence et dans l'obscurité de sa retraite.

« C'est cette humilité même qui m'interdit, aujourd'hui, de m'étendre davantage sur ses louanges, car je craindrais, en les prolongeant, de contrister ses cendres, comme je l'eusse contristé vivant, en parlant ainsi de tout ce qui nous le rendait cher et vénérable. »

Voilà bien, tracé de main de maître, le portrait de ce digne enfant de saint Vincent, tel que la plupart des membres de nos deux familles l'ont connu, tel qu'il vit encore dans le « souvenir reconnaissant et dans le cœur du clergé de l'Algérie ; » avec cet air digne, cette figure calme, cette belle barbe blanche qui rappelait la majesté du *Père Éternel*, selon une pittoresque expression, désormais historique et par laquelle, ajoute délicatement Monseigneur Lavigerie, « ses fils exprimaient le vœu de le garder sans fin sur la terre. » Puisque ces pages, destinées seulement à l'édification des siens, n'ont pas à redouter l'éclat qui s'attache à une louange solennelle, elles ne sauraient *contrister ses cendres*, car elles continueront, avec profit pour les âmes, cet apostolat de la prédication qui fut la passion de notre vénéré confrère : *defunctus adhuc loquitur*. (Hebr. XI, 4).

I

ESPRIT DE FOI

Nourri dès son enfance, nous l'avons vu, des plus pures leçons de la foi, il en fit le guide lumineux de sa vie. Où ne portait-il pas l'esprit de foi? Ce fut par ses inspirations qu'il renonça aux honneurs ecclésiastiques que lui promettaient sa position et ses talents, pour se cacher dans l'humble Congrégation de la Mission. Nommé supérieur le jour de la Transfiguration, il disait à ce sujet : « Cette nomination m'a rempli de joie, et d'une joie toute surnaturelle parce que c'était la fête de la transfiguration de Notre-Seigneur, et parce que j'avais une dévotion particulière à cette fête; en sorte que si j'avais eu la liberté de choisir le jour de ma nomination, j'aurais précisément choisi celui-là, d'abord par amour pour N.-S. J.-C. ensuite parce que l'objet de cette solennité renferme une invitation à changer en mieux de mœurs, d'habitudes, et à monter du naturel au surnaturel. » A son départ pour Alger, et pendant les trois jours que dura la traversée, il se réjouissait saintement, au point, disait-il, que « ces trois jours ne lui parurent qu'un instant, tant il était plein de sa belle mission! » « Du reste, ajoutait-il ailleurs, M. Étienne m'envoyait au pays de mes désirs, car depuis 1830 j'avais mes pensées vers cette terre appartenant à la France, où j'avais l'espérance d'aller prêcher et faire quelque bien. » Voici comment il raconte ses impressions en débarquant dans sa nouvelle mission : « Nous arrivâmes le dimanche où l'on faisait la fête de la Maternité divine, grande joie pour moi! Arriver un jour de la fête de la sainte Vierge sans l'avoir cherché, bon augure! Je me crus dès lors protégé par la Mère de Dieu. Il était plus de dix heures, et comme j'étais à jeun, par l'espérance et un grand désir de dire la sainte messe, j'eus le bonheur de la célébrer dans l'église de N.-D. des Victoires. Ce fut ma première action, et pour moi une grande jouissance. J'avais un enthousiasme de missionnaire, et il me semblait que j'allais convertir un grand nombre de personnes. »

Un peu plus tard il disait : « Quand je connus Alger, avec ses difficultés et ses grands besoins, je compris que je ne ferais rien si je ne recevais pas de Dieu quelque secours extraordinaire et particulier, et, pour l'obtenir, je résolus de m'adresser à la protectrice la plus puissante et la plus miséricordieuse. La dévotion à la très sainte Vierge fut le premier moyen employé pour opérer le bien. Outre les prières ordinaires à cette bonne Mère, on commença à placer des images ou des statues de Marie dans tous les lieux réguliers afin d'en rappeler le souvenir; on célébra ses fêtes avec préparation et solennité; on fêta le mois qui lui est

consacré ; on mit en honneur ses pieuses confréries. » Si l'on se rappelle d'ailleurs ce qui a été dit
en racontant la fondation du Séminaire et des
autres œuvres, on conviendra qu'il fut fidèle à la
maxime évangélique de *chercher premièrement
le royaume de Dieu et sa justice.* (Math. VI, 33.)

La joie si légitime de respirer à Kouba un air
plus pur, les embarras d'une laborieuse installation dans un camp militaire, loin de lui faire
perdre de vue le côté surnaturel, lui inspiraient de
pieux rapprochements : « Remarquez le commencement, écrivait-il, c'était un arsenal pour préparer des armes contre les corps, ce sera un arsenal
préparant des armes contre les démons. Des livres
au lieu de fusils ; des prières au lieu de blasphèmes ;
au lieu de la mort donner la vie, et la vie éternelle !
On envoyait aux enfers, on enverra au ciel ! Grande
joie pour les anges : Mahomet abattu, Jésus-Christ
régnant ! Cette élévation se fait la veille de l'Ascension (1) c'est presque une Transfiguration ! »

Cet esprit de foi ne présidait pas seulement aux
grandes entreprises, M. Girard le portait partout,
même dans ses moindres actions et dans toutes les
habitudes de sa vie. A l'église, sa tenue respectueuse
rappelait ce que nous lisons à ce sujet dans la vie
de saint Vincent. En célébrant le saint sacrifice, il
prononçait toutes les paroles sans précipitation et
d'une voix distincte ; il mettait de l'exactitude et de
la précision dans les cérémonies, quoique certains

1. 31 mai 1848.

mouvements nerveux ne lui permissent pas de les faire avec grâce ; sa voix se déployait majestueusement en chantant la préface aux jours des solennités. Bien loin de regarder, avec quelques prêtres légers, l'exercice de certains ordres inférieurs comme incompatible avec sa dignité, il se fit plus d'une fois, pendant la semaine sainte, un devoir de chanter la Passion conjointement avec un de ses confrères, à défaut de Diacres. En le voyant paraître pour remplir le rôle de l'historien, l'étole sur l'épaule gauche, le livre appuyé sur la poitrine, la barrette en tête, la démarche ferme, les séminaristes ne pouvaient retenir un léger sourire d'étonnement, mais ils en demeuraient profondément édifiés.

La précipitation dans les prières ordinaires lui était insupportable. Voici avec quelle énergie il s'en est exprimé : « Parmi les choses qui me déplaisent au Séminaire, aussi bien de la part des directeurs que de celle des élèves, c'est d'entendre bredouiller les prières. Si ces *bredouilleurs* savaient les murmures qu'ils provoquent, ils prononceraient les paroles nettement et respectueusement. *Je souhaite que mon successeur regarde cette recommandation comme un vœu ou une dernière volonté de mon testament.* » Sa charité, patiente pour tout le reste, ne tenait pas devant cet oubli du respect qu'on doit à Dieu. Un jour, dans une de nos maisons de France, après la prière du soir, il prit à part le supérieur et lui dit sérieusement : « J'ai résolu de vous dire une chose. — Quoi donc, *Père* Girard? — C'est qu'on va trop vite en récitant la prière. » La leçon ne fut pas oubliée et porta ses fruits.

Souvent on l'a entendu dire qu'il ne considérait, pour se déterminer, que le côté surnaturel des choses. Les motifs humains n'étaient rien pour lui. Dans une question fort délicate, on lui faisait remarquer que la décision qu'il allait prendre pouvait amener un résultat pénible, il répondit : « Çà m'est égal, je ne considère que le bien des âmes et du Diocèse, j'agirai. » A quelqu'un qui le consultait sur des aumônes à faire à une paroisse, et qui voyait dans cette libéralité un moyen de faire connaître et aimer le curé, il dit : « Je n'approuve pas ce mot qui est humain. Donnez pour Dieu seul, et donnez aux plus pauvres en vue de leur salut. » L'habitude d'agir sous l'œil divin réglait tellement ses paroles et ses démarches qu'il ne comprenait pas la nécessité d'en appeler plus directement en certaines occasions à l'autorité de Dieu. Aussi, eut-il beaucoup de peine à faire le serment exigé par le droit lorsqu'il fut nommé Official par Mgr Lavigerie en 1868. Toutes les aspirations de cette âme si sacerdotale semblent résumées dans les paroles suivantes : « Notre-Seigneur a dit : Demandez et vous recevrez ; c'est ce qui m'encourage à faire comme saint Liguori. Il a demandé à devenir un saint, et il est devenu saint. Je demanderai aussi d'être fait un saint comme ce qu'il y a de meilleur

pour moi, et je le demande non pour l'honneur,
mais pour le bonheur ! »

L'habitude de vivre dans le monde surnaturel
semblait lui en ouvrir tous les secrets mystérieux.
Sans prétendre établir ici qu'il eût été élevé à l'un
de ces états extraordinaires qui mettent l'âme en
relation directe avec les saintes réalités de la foi,
voici un fait attesté par les témoignages les plus
irrécusables : En l'année 1853, le 25 février, un
vendredi, M. Girard, revenant d'Alger, fit appeler
l'un de ses neveux, alors curé de la paroisse, et lui
dit : « J'ai une triste nouvelle à vous annoncer. —
Laquelle ? — Votre mère vient de mourir. — Quand
est-elle morte ? — Aujourd'hui à trois heures. —
Comment l'avez-vous appris ? — Je l'ai assistée de
deux heures à trois. — Que vous a-t-elle dit ? —
Mon frère, je vais devant le bon Dieu, je vous confie
mes quatre enfants. » Puis il ajouta : « Votre mère
est au ciel, demain je dirai la messe pour elle
avec l'ornement blanc. » Sur sa parole, le neveu
célébra aussi la messe le samedi matin pour sa
mère, et le mardi suivant, le courrier de France
apportait une lettre annonçant que le décès avait
réellement eu lieu au jour et à l'heure indiqués.
« L'année suivante, dit un autre de ses neveux,
me trouvant à Kouba, comme professeur de morale,
je me permis de questionner mon oncle sur cette
apparition, et il m'en confirma les détails. » Nous
verrons, en parlant de sa dévotion à sainte Philomène, de quelles communications intimes la chère

sainte le favorisait. Sans doute, en pareille matière l'illusion est à craindre; nous savons néanmoins que les merveilles ne sont pas rares dans l'histoire des amis de Dieu, et l'Évangile nous assure que la foi peut plus qu'on ne saurait imaginer, puisqu'elle est capable de *transporter les montagnes*. (Matt. XXI, 21.)

II

CONFIANCE EN DIEU

Ce grand esprit de foi n'avait d'égal, dans M. Girard, que sa confiance sans bornes à la Providence. Il en admirait la conduite, non seulement dans la bonté qui veille à la conservation d'un cheveu de notre tête, mais surtout dans la sagesse qui dirige les grands intérêts des peuples. « Combien de fois, répétait-il souvent, j'ai eu l'occasion de me convaincre que la Providence seule a fait l'Algérie, et l'a faite pour y implanter la religion ! Les hommes n'ont pas favorisé les œuvres de Dieu; ils s'y sont opposés et les ont contrecarrées. Et cependant, Dieu a toujours marché. Si celui qui devait par sa place seconder la religion ne le faisait pas, il disparaissait ou par la mort, ou par la destitution, ou par son rappel en France. Aussi presque personne n'a duré longtemps dans les emplois. » Et il donne de cette loi providentielle une application qui va jusqu'à la véhémence des anciens prophètes : « Pendant dix-huit mois, Mgr Pavy demanda le camp de Kouba au duc d'X*** pour en faire son séminaire, et le camp n'était pas accordé. Néanmoins nos prières se fortifiaient en se multipliant. Le duc d'X*** oubliait, ou ne croyait plus, ou n'avait jamais cru qu'au-dessus de lui il y avait un *Gouverneur général* qui allait le déposer et prendre sa place afin d'établir son règne par ses prêtres. Les temps arrivaient, la prière les appelait. L'orage grondait sourdement, le vent précurseur de la tempête se faisait entendre. Tout à coup Louis-Philippe est jeté à bas, sa famille dispersée ; chacun de ses nombreux enfants quitte la terre de France qui n'en veut plus. Ainsi Dieu *balaie* ceux qu'il ne veut plus ! A la place de ceux qui disparaissent, c'est un inconnu jusque-là en Algérie, le général Cavaignac, qui vient gouverner au nom de la République ! » Sous une forme moins dramatique, ces réflexions revenaient habituellement dans ses conversations.

Souvent aussi il aimait à dire : « Une maison va bien quand l'esprit de prière y règne. L'homme qui prie réussit toujours. Quand une affaire pénible m'arrive, je dis la messe pour la recommander à Dieu, ou bien je vais me jeter aux pieds de la sainte Vierge, je lui expose mes besoins, et puis je reste tranquille. — Donnons-nous à Dieu ; il fait bon voyager dans la *diligence* de la Providence : on ne

voit pas toujours clair, mais on sait qu'on va droit. »
D'autres fois, il ajoutait : « Je ne désire rien, aussi
je ne crains rien. Je fais ce qui me semble agréable
à Dieu et je vais droit mon chemin, me soumettant en tout à la conduite de la Providence.
Elle dirige particulièrement les Missionnaires et
les Sœurs ; l'important est de la laisser agir,
de s'y soumettre, et de craindre de la contra-
rier. »

Un jour il répondait à une fille de la Charité qui
se désolait d'avoir son changement : « Que craignez-
vous ? c'est Dieu qui vous envoie. Lorsque viendra
une tempête, courbez tranquillement la tête et
laissez-la passer. » Il ne se lassait pas d'admirer
ces dispositions dans les autres. « Le P. Étienne,
répétait-il avec étonnement, a une grande qualité,
c'est de voir la Providence en tout, d'accepter les
événements comme venant de Dieu et de ne se
livrer jamais à la tristesse ou à l'inquiétude. »

A son frère malade, il écrivait en 1862 : « Tu as
peu de consolations de la part de ta famille, car la
Providence nous a tous dispersés ; mais tu as le
bonheur d'avoir établi ta confiance en Dieu, et en
la sainte Vierge : voilà les vraies consolations de
la vie présente. La meilleure manière de te préparer à paraître devant Dieu, c'est de vouloir tout
ce qu'il veut, d'accepter avec un cœur content tous
les inconvénients de la maladie, toutes les privations et les contrariétés, et de dire comme Notre-
Seigneur au jardin des Oliviers : *Qu'il en soit,*

mon Dieu, non comme je veux, mais comme vous voulez ! » (1)

Quelques mois avant sa mort, il encourageait en ces termes un Missionnaire : « On m'a dit que vous êtes placé à X***. J'ignore les raisons qui ont amené ce changement devant les hommes ; mais je crois que la véritable raison c'est que Dieu l'a voulu, et qu'il l'a voulu pour le salut d'un grand nombre d'âmes. Réjouissez-vous donc et agissez courageusement ; parlez hardiment, la grâce fera le reste. »

Il voulait, sans doute, qu'on mit des soins et de la prévoyance dans la gestion des affaires temporelles ; mais il était loin de se laisser aller à des calculs trop intéressés qui eussent semblé un manque de confiance en la main libérale d'où lui venait le pain de chaque jour. « Je sais, écrivait-il, que nous pourrions réduire le nombre de nos élèves, ce qui ferait que nous serions moins gênés, mais il arriverait que nous ne pourrions plus fournir le nombre de prêtres nécessaires ; or, pour le temporel, nous avons toujours eu confiance que Dieu y pourvoierait tant que nous ferions son œuvre ; avant tout nous cherchons le bien et les avantages du diocèse. »

Et ce qu'il disait aux autres, il le pratiquait dans toutes les relations de la vie, qui, de leur nature, semblent se prêter le moins aux vues surnaturelles ;

1. Mat. XXVI, 39.

en voici un exemple entre mille. Chaque année, à peu près, il faisait un voyage à Paris pendant les vacances, c'était une gracieuse exigence du bon P. Étienne. Or, en débarquant à Marseille, il ne manquait jamais de se rendre à notre maison de Montolivet pour s'y reposer et goûter la joie bien réciproque d'une fraternelle hospitalité. Là, tout le ravissait ; il admirait, sans se lasser, le calme de la solitude, l'abondance des fruits, la fraîcheur des eaux, la douceur des ombrages, et il ne tarissait pas sur la bonté et la sagesse de la Providence dont la main avait, contre toute prévision humaine, ramené les fils de saint Vincent sur une terre sanctifiée par la présence de leur Bienheureux Père.

Cette invariable docilité à suivre la Providence, sans se permettre d'*enjamber* sur elle, imprimait à sa conduite un caractère de réserve, assez semblable à la lenteur et à la timidité. Qui pourrait lui en faire un crime quand on a mille fois expérimenté la vérité de cette belle maxime : « Qui s'empresse recule aux choses de Dieu ? » Peut-être serait-il plus équitable d'affirmer que la Compagnie a dû à cette sage lenteur la conservation de nos principales œuvres en Algérie.

III

CHARITÉ

La confiance véritable ne se sépare point de la charité, c'est ce qu'on a pu remarquer dans notre vénérable confrère. A le voir toujours si réservé, on eut dit de lui, comme un saint prêtre l'avouait de lui-même « qu'il n'avait jamais aimé le bon Dieu, que par raison ». Son abord un peu sévère ne laissait pas soupçonner une grande sensibilité. Et cependant quels trésors de tendresse dans ce cœur si prompt à se dilater sous le regard de Dieu, et à la vue des besoins du prochain !

L'amour pour Notre-Seigneur dominait en lui tout autre sentiment et formait, si l'on peut dire ainsi, le caractère propre de sa piété. Le bon Maître était vraiment pour lui *l'Alpha et l'Oméga, le principe et la fin* de toute chose (1). Dans toutes les œuvres entreprises, rien ne lui plaisait, on l'a vu précédemment, si les intérêts de Jésus-Christ ne paraissaient en première ligne. S'il désirait la conversion des Arabes, c'était afin que le « Fils de Dieu, Notre-Seigneur, et le Seigneur de tous les hommes régnât en Algérie. » S'il se réjouissait de l'installation du Séminaire à Kouba, c'était parce que Jésus-Christ « le Maître du ciel, de la

1. Apoc. 1. 8.

terre et de tous les mondes, rentrait dans son domaine d'où on l'avait chassé. » S'il se félicitait d'habiter des baraques ouvertes au vent et à la pluie, c'était parce que cet inconvénient « lui procurait le précieux avantage de conserver la sainte Eucharistie dans deux oratoires différents. » Enfin, s'il admirait, comme tous le monde, la position de la nouvelle chapelle au centre des édifices, c'était surtout parce que Jésus serait comme le « cœur du séminaire, d'où se répandrait la vie surnaturelle dans tous les membres de son corps mystique! » Les mystères de l'Homme-Dieu et sa divine personne étaient le sujet toujours préféré de ses conférences et allocutions; les paroles du saint Évangile arrivaient souvent et facilement sur ses lèvres, car elles sortaient de l'abondance du cœur.

En tête des notes, reproduites en grande partie dans cette notice, on lit cette touchante invocation : « Seigneur Jésus, mon Maître, mon protecteur, mon inspirateur, vous voyez que je vais commencer quelques écritures. Je voudrais qu'elles vous fussent agréables, et qu'elles fussent totalement à votre honneur et gloire! »

Dans les derniers jours de sa vieillesse, il écrivait : « Ma dévotion maintenant, c'est Notre-Seigneur Jésus-Christ qui me supporte et en qui j'espère pour la mort et pour la vie éternelle. Quand je pense à me préparer à bien mourir, il ne me revient guère à l'esprit que d'aimer Jésus-Christ, et j'en reviens toujours là. Chacun de ses mystères qui passent me donne une nouvelle invitation à l'amour de Jésus. J'admire les saints qui sont morts d'amour pour Lui, et j'envie leur sort! Mais cette mort est un don que Dieu fait aux âmes innocentes, et comme je ne suis pas de ce nombre je ne puis pas espérer une si grande faveur.»

Du chef cette tendre charité s'étendait aux membres et lui faisait embrasser tous les besoins. Ceux de l'âme avaient, avec raison, la première part, et c'est ce qui le portait à dire à un Missionnaire : « J'aime les missions et m'intéresse vivement à leurs succès. C'est le meilleur moyen, si ce n'est l'unique, de guérir les maladies cachées de l'âme, et de ressusciter les morts. Puissiez-vous avoir toujours la simplicité dans le langage et le dévouement au peuple ! » Cependant il compatissait efficacement aux misères corporelles. Rarement il refusait l'aumône aux pauvres qui se présentaient à lui dans les rues, et il se faisait un devoir de secourir à domicile ceux qu'on lui recommandait. Par ses ordres, on donnait du pain à tous les passants qui en demandaient. A midi on distribuait chaque jour la soupe à quinze, vingt, trente et jusqu'à trente-cinq personnes à la porte du Séminaire. Souvent on l'accusait de nourrir des paresseux et de mauvais sujets; mais il se contentait de répondre que, si ces pauvres gens n'étaient pas dans le besoin, ils ne viendraient pas d'Alger pour un morceau de pain et un peu de soupe, puis il ajoutait : « Plus on s'occupe des pauvres, plus Dieu vous protège, car on fait l'œuvre de Notre-Seigneur. Qu'on ne rebute personne : Que me dirait le Souverain juge, si je refusais du pain à un de ses membres qui a faim ? »

Fidèle jusqu'au scrupule à la grande loi de la charité quand il était question des étrangers, comment aurait-il pu en négliger la pratique à l'égard des siens? Dès son entrée dans la Congrégation, il eut pour elle cette tendre affection qu'un enfant bien né conserve toujours pour sa mère, fût-elle d'une noblesse et d'un rang inférieurs. « Je suis entré en communauté, écrivait-il à son frère quelques mois après avoir été reçu à Saint-Lazare, pour avoir plus de moyens de salut et l'occasion de faire encore un peu de bien avant de mourir. Eh bien! je t'assure, mon frère, que j'ai trouvé ce que je cherchais; je suis content! J'ignore ce qu'on fera de moi, mais je veux tout ce que Dieu voudra. La maison où je suis est la Maison-Mère de la Congrégation; c'est une maison où règnent toutes les vertus, et où chacun est disposé à tout faire et à tout sacrifier pour l'amour et la gloire de Dieu. Cette inclination à *prendre les choses par le bon bout*, selon un proverbe bien connu, n'est pas autre chose qu'un des caractères de la charité, décrits par le grand Apôtre : *charitas benigna est*. (I Cor. XIII, 4.) M. Girard ne s'en départait pas quand il s'agissait des particuliers : il pensait, fort justement, que la principale garantie de persévérance dans la vocation est attachée à la pratique de cette reine des vertus. Ce qu'il en a écrit est digne de toute l'attention d'un vrai Missionnaire. « Nous manquons presque tous d'estime et d'amour pour la Congrégation. C'est un grand défaut qui vient de ce que nous voyons dans nos confrères le côté défectueux, et non le côté bon qui l'emporte de beaucoup sur le mauvais. Si on nous parle des confrères, c'est presque toujours pour nous dire leurs fautes et leurs défauts. Alors on voit la Congrégation pleine de travers qu'elle n'a pas ; c'est ce qui est cause, en partie, des défections. » Belle leçon de charité et d'union fraternelles, digne d'être sérieusement méditée !

———

IV

PRUDENCE

Si la prudence consiste à savoir se taire, à choisir le moment, à prévoir les conséquences, à s'arrêter à temps, à prendre conseil, à parler avec mesure, à ne blâmer personne avant de l'entendre, M. Girard posséda cette vertu à un degré très rare.

C'était une chose reçue à Kouba, parmi ses confrères, que si l'on voulait savoir les nouvelles ecclésiastiques, il fallait les apprendre par les bruits du dehors. Tout l'avantage de converser deux fois le jour avec un membre du Conseil épiscopal, consistait à être considérablement en retard sur la chronique diocésaine. Rarement, dans les affaires, il eut à essuyer un refus parce qu'il savait présenter avec opportunité et formuler en termes prudents ses demandes, comme on a pu le remarquer plusieurs fois dans le cours de ce récit. Rien d'important n'était entrepris sans consulter le Conseil ou sans prendre l'avis du confrère qui avait sa confiance. Discret jusque dans le commerce de l'amitié, il était cordial et *n'ouvrait cependant pas à tous*, selon le conseil du Saint-Esprit, *l'intérieur de son âme*. (Eccli. VIII, 22). Dans le temps de ses plus grandes difficultés à Alger, il se trouva en relation avec le R. P. Brumault, jésuite, et le R. P. Régis, premier abbé de la Trappe de Staouéli. Ces deux vénérables religieux dont le crédit était grand dans la haute société « eurent la bonté de rechercher » le modeste Supérieur des Prêtres de la Mission ; mais celui-ci se tint sur la réserve, « parce que, disait-il, je n'aurais pas soutenu, vu ma timidité, un personnage emprunté et, pour dire mon vrai sentiment, parce que j'aimais mieux n'être rien et demeurer dans ma petitesse, que d'être quelque chose par la protection de qui que ce fût. C'était de l'orgueil, peut-être, mais il me convenait de garder mon indépendance. » Qu'on accepte si l'on veut, cette accusation de vanité puisque les saints eux-mêmes

ne savent pas toujours s'y soustraire ; il n'en fau-
dra pas moins convenir qu'il y avait sagesse à
remplir modestement les devoirs de sa vocation,
à ne pas prendre l'agitation pour un mouvement
de zèle, et *à ne pas porter trop haut ses pré-
tentions* (1).

D'ailleurs un dernier caractère de sa prudence
consistait à *ne pas voir trop souvent les grands
de peur de leur être à charge, et à ne pas
trop s'en tenir éloigné dans la crainte d'être
oublié* (2).

C'est probablement à cette politique toute divine
qu'il dut d'être constamment recherché par les plus
grands personnages de l'Algérie, et en particulier
par le maréchal Pélissier, par le duc et la duchesse
de Magenta, par le général Jusuf et le général de
Martimprey. Ceux qui seraient tentés de s'en étonner, n'ont qu'à méditer le passage suivant du chapitre de l'Ecclésiastique indiqué plus haut, pour
lequel M. Girard avait une singulière dévotion :
*Si un grand vous appelle, retirez-vous ; car il
en sera plus porté à insister* (3).

C'était donc surtout à l'école de l'Esprit-Saint
qu'il s'était formé à la prudence. Il y avait joint les
leçons d'une longue expérience, et voici les avis
qu'il donnait à un jeune supérieur : « Soyez bon et
ferme, doux sans faiblesse. Dans les peines, faites

1. Eccli. iii. 22.
2. Eccli. xiii. 1.
3. Eccli. xiii, 12.

en sorte que personne ne s'en aperçoive. Soyez toujours abordable et bienveillant. Attendez un élève qui laisse à désirer, ne brisez pas facilement. Ne changez pas vos professeurs trop fréquemment; s'ils peuvent suffire cette année, ils seront plus que suffisants l'année prochaine. » C'est là le langage du *serviteur fidèle et prudent que le Seigneur a préposé au gouvernement de sa famille* (1).

V

HUMILITÉ

« Il y a autant de vanité, dit Bossuet, dans l'affectation de parler de ce qui nous humilie, que dans celle de parler de ce qui nous relève. La règle sûre est de ne point parler de soi qu'il n'y ait quelque raison de le faire (1). » Aussi, M. Girard avait pour maxime : « de parler de Dieu souvent, du prochain, toujours en bien, de soi, jamais ! » et il était fidèle à ce dernier point comme aux deux autres. Dans l'abandon de la conversation il est si naturel de rappeler les souvenirs du pays, de la famille, des œuvres accomplies avec quelques suc-

1. Mat. XXIV, 45.
1. Lettre CIᵉ.

cès ! Or cette faiblesse, qui prend parfois les proportions d'un défaut insupportable aux auditeurs, notre vénéré confrère en était complètement exempt. Qui l'a jamais entendu prononcer un seul mot sur ses missions en Auvergne ou dans le midi de la France, avant d'entrer dans la Congrégation ? A vrai dire, il racontait d'intéressantes anecdotes sur Mgr Giraud et sur Mgr Croisier ; mais, si on ne l'avait su d'avance, on n'aurait pas pu soupçonner qu'il eût été le compagnon, ou plutôt, l'émule de ces illustres missionnaires.

Le lecteur n'a pas oublié, sans doute, de quelle manière humble il se jugeait à propos de sa nomination à Kouba aux fonctions de Supérieur. Le temps et le succès ne modifièrent pas son jugement, car il écrivait en 1862 : « Je reste dans la conviction où j'ai toujours été que je suis au-dessous de ma place. Au lieu de gouverner au Séminaire, je devrais être second, par exemple professeur d'Écriture Sainte, parce que j'aime cette étude. La place de Supérieur répand dans l'âme je ne sais quel air d'estime de soi, ou de vaine et sotte confiance, qui met quelque peu obstacle aux dispositions où je voudrais être au moment de la mort. » C'était le même sentiment de son indignité qui le poussait à désirer une vie retirée comme celle de la Trappe. « J'ai quelquefois désiré, écrivait-il, un genre de vie plus solitaire, soit tentation, soit inspiration, parce que je suis exposé à des suggestions dangereuses de la part du démon. Mon Dieu, mon Sauveur, qui ne voulez pas la mort du pécheur, pardonnez-moi et oubliez les fautes que je puis avoir faites ! » A la veille de ce voyage pour Constantine, d'où il ne devait pas revenir vivant, il était allé secrètement à Staouéli dans la pensée de s'y préparer à mourir, et ce fut assez sérieusement que le R. P. Abbé dut lui opposer ses 85 ans ! Celui qui écrit ces lignes atteste que, plus d'une fois, l'humble Supérieur lui révéla le même désir et qu'il dut calmer les appréhensions de son humilité alarmée.

On sait de quelle vénération il était l'objet dans toutes les administrations locales et jusque dans les bureaux du ministère des cultes à Paris ; et, cependant, il se doutait si peu du prestige qu'il exerçait que bien loin d'en concevoir de la présomption, il fallait, pour l'engager à s'y présenter, toute l'autorité de ses supérieurs ou le sentiment d'un rigoureux devoir à accomplir. Il n'apportait, disait-il, dans ces relations que *timidité* et *maladresse*. Heureusement, les effets ont toujours prouvé que personne ne partageait cette manière de voir.

Autant il était habile à se faire illusion sur ses qualités, autant il mettait de sincérité devant Dieu à reconnaître ses défauts. En commençant à tracer les notes qui nous ont fourni tout ce que cette notice a d'intéressant, il écrivait : « Comme je me défie de moi-même ; comme j'entreprends facilement et promptement, mais que je change souvent d'idées et de projets ; prévoyant mon inconstance, je me recommande à mon Sauveur Jésus, à Marie sa

sainte Mère et la mienne, à saint Joseph, mon patron, à saint Vincent de Paul, qui m'a reçu dans sa
Congrégation et supporté jusqu'à présent, à sainte
Philomène, qui m'a tant protégé, à mon Ange gardien et à l'Ange gardien du Séminaire, afin d'obtenir la persévérance au travail que j'entreprends
aujourd'hui. »

On ne s'étonnera pas, après tout cela, de l'éloignement presque invincible qu'il ressentait pour toute
distinction honorifique. En prenant possession de
son siège, Mgr Pavy lui offrit d'être Vicaire général
titulaire. « C'est, disait-il gaiement, le plus grand
honneur que j'aie reçu de ma vie ; mais cette dignité n'avait rien d'attrayant pour moi, aussi je la
refusai. » Et il ajoutait : « Je n'ai jamais eu envie
du titre de Vicaire général, ni de celui de Chanoine,
ni de la croix d'honneur : *mon titre de Lazariste,
voilà toute mon ambition !* » La conduite ne dé-
mentait pas les paroles. Au mois de mai 1865,
l'Empereur, étant venu à Alger, distribua un certain nombre de décorations la veille de son départ,
et plusieurs membres du clergé furent compris
dans ces promotions. Très volontiers Mgr Pavy leur
eût adjoint *son Père Girard,* il lui en fit même
l'ouverture ; mais l'humilité du Supérieur se retrancha en toute hâte derrière le décret de la dernière Assemblée générale qui interdisait de telles
distinctions. En cela, il ne fit pas un sacrifice héroïque, les sentiments exprimés plus haut en sont
une preuve. Tout le monde, d'ailleurs, connaissait

dans le clergé son opinion sur l'inutilité qu'il y a, pour ne rien dire de plus, à voir ce hochet de la vanité briller sur la poitrine du simple prêtre. Déjà, pour obéir à la volonté de la même Assemblée, il avait déposé le camail de chanoine accordé jusque-là aux Supérieurs et Directeurs des grands séminaires. Il paraît que certains Confrères, en France, ne se montrèrent plus à la Cathédrale après cette dégradation régulière : M. Girard, en reprenant le modeste surplis, n'avait pas même l'air de s'apercevoir du changement !

Plus tard, il est vrai, il consentit, en devenant Vicaire général capitulaire, à accepter un honneur d'abord refusé, mais c'étaient les circonstances et non ses convictions qui étaient changées. « J'aurais mieux aimé, écrivait-il à M. Étienne, le 22 janvier 1867, ou n'être pas nommé, ou refuser pour beaucoup de raisons; mais M. le gouverneur général, qui est venu me voir avant-hier, avec Mme la Maréchale, m'a tant exhorté à accepter, si j'étais nommé ; que, si j'avais refusé j'aurais été cause, au moins accusé d'être cause, de tous les nouveaux désordres qui auraient résulté de mon refus. J'ai donc accepté la charge de second Vicaire capitulaire. » Son empressement à se démettre, dès que son concours ne fut plus nécessaire, montre avec évidence qu'il n'avait pas pris goût à l'élévation.

Il ne se prêtait pas même à l'honneur, fort vulgaire assurément et, par conséquent, très modeste de confier ses traits à l'art de la photographie. En

1864, la retraite ecclésiastique fut prêchée par Monseigneur Chalandon, archevêque d'Aix. Après la clôture des pieux exercices, il vint à la pensée de Monseigneur Pavy de grouper tout le clergé autour du vénérable Métropolitain et de son Suffragant, afin de perpétuer, par une représentation fidèle, le souvenir de cette belle réunion. Une seule figure manqua dans le groupe, et ce fut, au grand regret de tout le monde, celle du *Père Girard !* Sans blâmer précisément ce que, dans le langage du pays, il appelait une pieuse *fantasia,* il eut le talent de disparaître au moment de la pose, et on le trouva, quelques instants après, recueilli dans un coin de la chapelle. En semblable circonstance, lorsqu'il fut question de *photographier* l'Assemblée générale, réunie à Paris, l'obéissance seule put l'empêcher de recourir à une adroite élimination. Nous conservons ainsi, grâce à l'autorité du bon Père Étienne, un portrait authentique, longtemps et inutilement réclamé par toutes les instances de la piété filiale et de l'amitié.

Lorsque les infirmités lui firent un devoir de remettre en d'autres mains le gouvernement du Séminaire en 1877, il sentit, selon l'aveu qu'il en a fait lui-même, une peine aussi vive que celle qu'il éprouva en abandonnant l'église de Notre-Dame-des-Victoires au début de son ministère à Alger; mais la foi ne tarda pas à reprendre sur la nature son légitime empire. Nous en avons pour garant ces belles paroles écrites dans l'intimité un an avant sa mort : « Ma dévotion principale maintenant, c'est Jésus-Christ qui me supporte, en qui j'espère pour la mort et pour la vie éternelle. Je regarde la vie que je mène comme celle d'un solitaire livré à la prière, afin qu'il répare les fautes passées, et qu'il fasse croître ce qu'il a planté. » Quel spectacle touchant de voir un vieillard, plus chargé encore de mérites que d'années, toujours égal, recueilli, aimable, se plier comme un jeune confrère, à toutes les exigences de la vie commune, dans une Maison qui est son œuvre ! Au premier moment, ce fut beaucoup de se résigner, plus tard il témoignait sa reconnaissance à M. Boré avec un accent de sincérité qu'on ne peut lire sans émotion. « Je vous écris bien rarement, quoique j'aie le loisir de le faire souvent ; mais les raisons de vous écrire se réduisent presque à une seule, celle de vous remercier du grand repos que vous m'avez procuré, et que je goûte davantage à mesure que j'en jouis plus largement. Quoique je ne vous témoigne que rarement ma reconnaissance, le souvenir cordial de ce que vous avez fait pour moi ne me quitte jamais. Je vous remercie en particulier et bien cordialement des quelques lettres que vous avez pris la peine de m'écrire depuis que vous m'avez mis au repos. Quand vous avez pensé charitablement que je priais pour vous, vous avez pensé vrai. Si je savais bien remplir le devoir de la prière, je crois que votre lourd fardeau deviendrait plus léger, et que votre zèle pour notre sanctification produirait des fruits plus abondants. » Ainsi cette épreuve ménagée par la Providence à M. Girard, à la fin de sa longue carrière, vint mettre le couronnement à sa sainteté en perfectionnant en lui la vertu d'humilité.

———

VI

SIMPLICITÉ

Dans la Lettre circulaire que nous avons déjà citée, Monseigneur l'archevêque d'Alger semble confirmer cette réputation de finesse diplomatique qui s'attachait au nom de M. Girard, en disant : « Qu'elle arrivait d'autant mieux à son but que, selon le caractère de sa Province natale, elle ne se laissait pas apercevoir. » D'autre part, l'humble fils de saint Vincent avait coutume, chaque fois qu'il expliquait le chapitre de la simplicité dans nos Règles communes, d'avouer ingénument, « qu'il ne comprenait pas très bien cette vertu ». C'est peut-être le cas d'appliquer cette maxime de l'Imitation : « J'aime mieux sentir la componction que d'en savoir la définition (1). » En effet, notre vénéré confrère pratiquait à merveille la vertu qu'il définissait, disait-il, avec peine.

1. (L. I, ch. I, n° 3.)

Simple dans sa pensée, il ne poursuivait qu'un seul but, l'honneur de Dieu et le bien spirituel du prochain ; il avait cet *œil pur* dont parle Notre-Seigneur, qui répand la *lumière sur l'ensemble de la vie.* (Mat. VI, 22.) Sa maxime était cette parole de saint Vincent : « Ayons égard aux intérêts d'autrui comme aux nôtres ; allons droit, agissons loyalement. » Aussi, il souffrait et s'indignait partout où il remarquait de la dissimulation. Quelquefois, il est vrai, il ne répondait pas à une question, mais c'était précisément ou pour ne pas trahir sa pensée, ou pour éviter les suites d'une parole indiscrète, ou même par un effet de cette timidité qu'il se reprochait. Il plaidait fortement les intérêts dont il était chargé ; jamais cependant il n'aurait voulu, au moins directement, porter atteinte à ceux d'autrui.

Simple dans sa parole, il la mettait toujours en parfaite harmonie avec ses sentiments, ce qui est le caractère essentiel d'une âme ingénue. Son esprit orné et délicat aurait pu donner à ses discours l'éclat de la forme, il y avait réussi, paraît-il, au début de son ministère apostolique ; mais dès le jour où il fut Prêtre de la Mission, il renonça entièrement à tout l'art du rhéteur pour s'en tenir à la *petite méthode.* Il n'en fut que plus goûté, car « le beau seul est aimable », et ici le beau, c'est le vrai. Cette parole sans fard, invariablement correcte, souvent assaisonnée d'un sel piquant, ne fatiguait jamais personne. Un homme intelligent l'ayant entendu à Kouba, disait : « La parole simple, imagée, persuasive de ce vénérable prêtre fait plus d'impression et surtout de fruit, que les sermons étudiés des grands prédicateurs. » Les Mahonais comprenaient tout dans un langage si clair, voilà pourquoi l'un d'eux, sans se douter de ce que son expression avait d'élogieux, s'écriait : « M. le Supérieur ne prêche pas, il parle! » Les petits enfants étaient tout yeux et tout oreilles lorsque le *bon Père* leur expliquait les mystères et les vérités les plus élevées par des comparaisons sensibles et les rendait, pour ainsi dire, visibles au moyen d'images intéressantes. A Saint-Lazare, tous, anciens, étudiants, séminaristes et frères se faisaient comme une fête d'entendre le *Père Éternel* lorsqu'il était interpellé à la conférence du vendredi pendant les vacances, et le Très Honoré Père, M. Étienne, ne manquait pas de procurer cette jouissance à la Communauté! Ses confrères de Kouba l'entendaient invariablement deux fois chaque semaine, à la répétition de l'oraison et à la conférence, et aucun d'eux n'a été tenté de trouver trop longues ces causeries admirables de solidité pour le fond et de simplicité pour la forme.

Simple dans sa dévotion, M. Girard savait appuyer, sans doute, sur de profondes convictions et d'énergiques efforts de la volonté ses croyances et ses œuvres ; il allait au solide dans la piété plus encore qu'en tout le reste ; mais il ne négligeait pas ces prières naïves, ces pratiques populaires, ces souvenirs légendaires qui en font le charme extérieur. A l'exemple de saint François de Sales, il s'associait à toutes les confréries et en remplissait les engagements avec fidélité ; il voulait que les images et les statues des saints se montrassent partout dans la maison et dans la propriété, quoiqu'il fût peu exigeant au point de vue de la perfection artistique ; les histoires remplies de récits merveilleux avaient ses préférences, et il ne pouvait supporter les critiques réformateurs du XVIIᵉ siècle ; il admirait plus volontiers encore les prodiges de bonté, semés sur les pas des amis de Dieu, que les miracles de la puissance.

Simple enfin dans toutes ses habitudes, dans sa démarche, dans sa tenue, dans son abord, il attirait à lui tous les cœurs. Les grands trouvaient dans « cette bienheureuse simplicité la parfaite politesse que le monde, tout poli qu'il est, ne sait pas connaître ». Les humbles et les petits se sentaient à l'aise en présence de tant de bonté ; ses enfants et ses confrères, sans oublier entièrement le respect, ne se laissaient aller qu'à la confiance. Pour être juste, il faut cependant convenir que quelques esprits, partisans de la franchise à outrance, accusèrent le *bon Père* de n'avoir pas toujours *le cœur sur les lèvres.* Il suffira, pour le justifier, de répondre que la sagesse consiste suffisamment à *renfermer ses lèvres dans le secret du cœur* (ECCLI. XXI, 29), en d'autres termes, à unir la simplicité à la prudence.

VII

OBÉISSANCE

« Toute la perfection chrétienne, a dit Bossuet, ne consiste qu'à se soumettre. » Cette vérité fondamentale, M. Girard la prêchait souvent à ses enfants du Grand Séminaire ; il en montrait le parfait accomplissement dans toute sa conduite. Selon lui, l'obéissance la plus méritoire est celle qui se trouve dans une inviolable fidélité à la règle. On peut dire que sur ce point il a remporté toutes les *victoires* dont parle la Sainte Ecriture.

Il arrivait ordinairement le premier à chaque exercice ; à l'oraison surtout, il était comme impossible de le devancer, et cependant le lever de quatre heures lui coûtait, car il avouait ingénument qu'il n'avait pas encore pu s'y accoutumer. « La fidélité au lever du matin et à l'oraison, répétait-il souvent, après saint Vincent, est la marque d'une bonne vocation. » Jamais il ne s'autorisait de légers prétextes pour supprimer soit la conférence, soit la répétition de l'oraison. Dès qu'on alléguait la Règle ou les Décrets des Assemblées générales il se rendait sans observation ; sa docilité s'étendait même aux usages et l'on était sûr d'avoir gain de cause quand on pouvait dire : cela se fait ainsi à Saint-Lazare. Que tels aient été ses véritables sentiments, nous en avons un témoignage authentique dans ce qu'il écrivait à notre Très Honoré Père en 1878, lors de son premier voyage à Rome. « Vous me demandez si nous avons quelque usage singulier, différent des usages et règles établies à Rome. Je puis vous donner l'assurance que la principale étude de nos professeurs et missionnaires s'applique à faire, 1° ce qui s'enseigne et se pratique à Rome ou nous est imposé ici par Monseigneur l'archevêque ; 2° ce qui se professe et se pratique dans notre Maison-mère ; de sorte que s'il y a quelque point de dogme, de morale, de discipline, ou même de rubrique, qui soit mis en doute, c'est toujours Rome qui a le dernier mot : *Roma locuta est, causa finita est.* Je voudrais que Notre Saint-Père Léon XIII levât la main sur moi comme si j'étais à ses pieds. S'il ne faut que de l'obéissance et du dévouement pour l'obtenir, je n'en suis pas indigne. »

Rien de plus édifiant que sa soumission filiale à toutes les volontés des successeurs de saint Vincent, même quand il fallait la pousser jusqu'à l'héroïsme. En voici un exemple remarquable. Il avait fondé en 1857, à côté du Grand Séminaire et dans une campagne achetée sur ses fonds personnels, une petite communauté, sous le vocable de la *chère* sainte Philomène. Un de ses confrères, admirateur enthousiaste des Ordres travailleurs du moyen âge, l'encourageait, sans trop s'en douter, dans cette pieuse mais, il faut l'avouer, un peu téméraire entreprise. Il avait donc réuni là quelques filles jeunes ou âgées qui, n'ayant ni attrait pour le mariage, ni les qualités exigées pour la vie religieuse proprement dite, désiraient cependant se sanctifier en priant et en travaillant ensemble. La société ne dépassa jamais le nombre de dix personnes. Elles s'occupèrent d'abord du travail des champs, puis successivement de divers ouvrages d'aiguille, d'éducation de vers à soie, de confection de fleurs artificielles et d'ornements d'église et finirent par avoir une espèce de pensionnat. M. Girard les laissait libres de diriger le temporel comme elles l'entendaient ; il s'occupait surtout de leur direction spirituelle. Chaque matin, il célébrait la sainte messe dans leur petite chapelle et leur adressait une paternelle allocution. Le samedi, il s'y rendait encore pour entendre leurs confessions. Les choses continuèrent ainsi pendant quatre années. Cependant ces absences fréquentes n'étaient pas sans inconvénient pour le Séminaire. De plus, l'organisation intérieure de l'œuvre ne répondant pas aux espérances du vénérable fondateur, on se demandait autour de lui s'il n'y aurait pas sagesse à borner là un essai dont l'issue probable laissait entrevoir plus de déception que de bien réel. Cette considération prévalut, et M. Étienne, qui partageait une telle manière de voir, écrivit à M. Girard, au mois d'octobre 1861, qu'il lui ferait plaisir de se renfermer exclusivement

dans ses fonctions de Supérieur du Grand Séminaire. Ce désir fut un ordre pour le fils obéissant.

Sans retard, sans réflexions, sans réclamations,
sinon sans peine et sans regrets, les sœurs *Philo-
mènes*, comme on les nommait, furent éloignées de
Kouba et installées à El-Biar, paroisse voisine.
Là, elles subsistèrent encore quelque temps sous
la protection de M. le curé, mais sans recruter de
nouveaux sujets. En 1864, l'association avait entièrement disparu. On eût dit, en vérité, que la
Providence n'avait permis son existence éphémère
que pour manifester avec éclat l'esprit d'obéissance
de l'humble Supérieur.

Plus héroïque encore fut sa soumission au mois
de septembre 1877, lorsqu'il fut déposé de la supériorité. On ne peut douter que le coup ne lui ait été
très sensible, puisque lui-même en a fait l'aveu, et
qu'il n'est pas nécessaire d'être profond moraliste
pour le comprendre. « Cependant, raconte un témoin
oculaire, lorsqu'il eut reçu la lettre de M. le Supérieur général, qui lui annonçait que M. M***, jeune
confrère par rapport à lui, allait conduire ce Séminaire qui était, pour ainsi dire, le sien, il se soumit
avec une simplicité et une humilité qui nous ravit
tous. »

VIII

AMOUR DE LA PRIÈRE.

Terminons ce trop rapide exposé des vertus de notre vénéré défunt par ce qui fut le caractère distinctif de sa sainteté, l'amour de la prière. Ses habitudes de pieuse *conversation avec le ciel* (Philip. III, 20) étaient si connues, que les paroissiens de Kouba l'avait surnommé « l'homme de la prière ». Dans ses entretiens particuliers, comme dans son enseignement public, il insistait sur la nécessité et l'efficacité de la prière. Les dernières lignes que sa main a tracées, puisqu'elles ont été écrites au commencement de l'année 1879, renferment cette admirable maxime, qui révèle tout le secret de son fécond apostolat : « Le premier moyen de gagner les âmes, c'est de prier ; le second moyen, c'est de prier beaucoup; le troisième moyen, c'est de prier toujours. Le prédicateur qui veut convertir, sanctifier, instruire sans prier, c'est un homme qui veut agir sans Dieu, et il semble dire : Mon Dieu, laissez-moi faire, je n'ai pas besoin de vous. »

En ce point, sa conduite fut invariablement conforme à son enseignement, et l'on peut dire que sa grande habileté consista à *prier toujours,* selon le

conseil de l'Évangile, *et à ne jamais se lasser.*
(Luc. XVIII, 1.) Nous l'avons vu recourir à ce moyen
surnaturel chaque fois qu'il eut une difficulté à
vaincre, une œuvre à créer ou à soutenir, une faveur à solliciter. Ainsi la prière fortifia son courage au début de son ministère à l'impasse Sainte-
Philomène ; la prière lui inspira la persévérance à
demander le camp de Kouba, la prière présida à
cette laborieuse installation sur la sainte montagne ; la prière fit jaillir l'eau du rocher ; la prière
éleva *promptement* et *solidement* les murs du
Séminaire et recula les limites de la campagne ; **la**
prière ramena la régularité et l'amour de l'étude ;
la prière maintint cette esprit de famille qui faisait de tous les séminaristes une réunion de frères ;
la prière appelait la bénédiction du ciel sur les ordinations ; la prière enfin entrait toujours en première
ligne dans les recommandations adressées **aux**
jeunes prêtres : « Les pasteurs, disait-il, qui font
le plus de bien, sont ceux qui apprennent aux
enfants à aimer la prière. La prière des enfants est
une mine qui n'a pas encore été exploitée. Faites
des neuvaines l'une après l'autre, et toujours des
neuvaines par les enfants ; vous verrez des merveilles. »

Les loisirs de ses dernières années, il les consacra presque entièrement à prier. Rien de plus
édifiant que ce qu'il écrivait presque à la veille de
sa mort. « Ma vie de ce monde est finie, et je pense
partir bientôt : c'est à quoi je me prépare, et je

suis d'autant plus content que j'ai trouvé un paradis dans la prière ! » Une autre fois il s'exprimait ainsi : « Mes occupations se réduisent à prier. Heureusement, je trouve quelquefois un grand goût dans la prière. Je crois que N.-S. a voulu me donner le temps de me préparer à la mort, et je m'y prépare un peu chaque jour. »

Ne pouvant plus se livrer aux fonctions du ministère apostolique, il exerçait son zèle par la prière. « On le voyait continuellement, affirme un témoin fidèle, parcourir la maison ou faire le tour de la propriété en récitant son rosaire. Il répétait cette prière au moins trois fois par jour, ce qui ne l'empêchait pas de dire ordinairement l'Office entier, quoiqu'il en fût dispensé. » Mais cela ne suffisait pas encore à sa piété, et il passait de longs instants devant le Saint-Sacrement.

Avec une habitude si constante de tout demander au ciel, comment aurait-il oublié de solliciter la grâce qui couronne toutes les autres, celle d'une bonne mort ? Nous venons de voir quelle place importante cette demande occupait dans son esprit ; ce qui mérite une spéciale attention, c'est le soin vigilant qu'il prit de ne pas attendre, pour la formuler, l'heure tardive de la vieillesse. Il a écrit de sa main que, depuis plus de quarante ans, chaque jour après la messe, il récitait la prière suivante : « Seigneur Jésus-Christ, qui avez dit : demandez et vous recevrez, cherchez et vous trouverez, frappez et on vous ouvrira, je vous en conjure par votre très saint Nom et votre Cœur adorable, donnez-moi, à l'article de la mort, avec l'usage de mes sens et de la parole, une foi vive, une espérance ferme, une charité parfaite et une grande contrition de mes fautes ; accordez-moi de recevoir dignement les sacrements et l'Indulgence plénière, afin que je puisse vous dire avec un cœur pur : Seigneur, je remets mon âme entre vos mains ; c'est vous, Seigneur, Dieu de vérité et de miséricorde, qui m'avez racheté. Ainsi-soit-il !

« Que votre volonté soit faite, Seigneur Jésus ; qu'elle soit faite en moi, en ce qui me touche, autour de moi, sur tout ce qui m'appartient, cette volonté toute sainte, toute parfaite et toute aimable, maintenant et toujours (1). »

A ces vertus éminentes il joignait un esprit de mortification qui lui interdisait jusqu'à la pensée d'aller dans sa famille, quoiqu'il fit de fréquents voyages à Paris ; un amour de la pauvreté, qui lui rendait insupportable tout ce qui sortait de l'ordre

---

1. Domine Jesu Christe, qui dixisti : Petite et accipietis, quærite et invenietis, pulsate et aperietur vobis, peto a te, per tuum sanctum Nomen et Cor, ut in articulo mortis meæ des mihi sensus cum loquela, veram fidem, spem ordinatam, charitatem perfectam, vehementem contritionem de peccatis meis cum digna Sacramentorum et indulgentiarum receptione, ut tibi puro corde dicere valeam : In manus tuas, Domine, commendo spiritum meum. Redemisti me, Domine Deus veritatis et misericordiæ. Amen.

Fiat volontas tua, Domine Jesu ; fiat in me, de me, circa me, circa omnia mea, sanctissima, perfectissima et amabilissima voluntas tua nunc et in æternum.

ordinaire, et lui fit choisir pour unique héritière
l'église de sa paroisse natale ; une pratique sévère
de la justice, qu'il ne séparait jamais de son complément le plus naturel et le plus gracieux, la
reconnaissance. Cette dernière vertu, il l'étendait
à tous les bienfaits reçus, de quelque nature et de
quelque origine qu'ils fussent. De ce nombre, et
presque en première ligne, étaient les secours que
le Gouvernement accordait pour la traversée sur
mer et pour les besoins du Séminaire. A propos de
son premier voyage, il écrivait : « J'étais porté et
nourri gratuitement, ce qui me causait un grand
étonnement. C'était la première fois que je recevais
un tel bienfait ; aussi, j'avais pour le Gouvernement
une reconnaissance que je n'aurais jamais pu ni su
exprimer. Je souhaitais à ce Gouvernement, si
généreux, toutes les bénédictions possibles et toutes
les prospérités. Ce qu'il a fait une fois pour moi,
il l'a fait bien des fois, presque tous les ans. Mon
Dieu, accordez à cette France les grâces et faveurs
qu'elle mérite si bien ! Faites-lui tout le bien que
je voudrais et que je ne puis lui faire ! »

Plus tard, ce sentiment de gratitude n'étouffa
point dans son âme, si sacerdotale, la juste indignation que provoquèrent les tristes événements de
la guerre d'Italie ; mais il lui imposa une réserve que
ses confrères se plaisaient quelquefois à mettre à
l'épreuve. Aux accusations, souvent véhémentes, de
sacrilège connivence de la part de l'Empereur Na-
poléon III, à des spoliations dont le Pape était la

victime, il opposait avec calme tout le bien qui se faisait en son nom en Algérie, et, en particulier, la construction du Séminaire, poussée en ce moment même avec activité. Le 17 septembre 1860, jour de l'arrivée de l'Empereur à Alger, un de ses confrères s'offrit à rester dans la maison pendant que les autres Directeurs assisteraient à la visite officielle à Alger. Comme il formulait cette demande d'un ton assez peu respectueux, justifié à cette heure, par les menées ténébreuses qui aboutirent bientôt à Castelfidardo, il reçut l'ordre, bien accentué, de ne pas se singulariser et de se joindre à tous les autres, ce qu'il fit par obéissance, mais d'assez mauvaise grâce. Assurément, les préférences politiques, dont le bon supérieur se tint toujours si éloigné, n'entraient pour rien dans ce zèle légèrement exagéré. Il n'était mu que par la reconnaissance et on lui pardonnera d'autant plus volontiers l'exagération, que cette vertu est celle des grandes âmes.

Avec des qualités naturelles si rares et toutes les amabilités d'un saint, on n'aura pas de peine à comprendre que M. Girard fut, comme Moïse, l'homme *aimé de Dieu et des hommes, dont la mémoire est en bénédiction.* (Eccli. XLV, 1.)

CHAPITRE ONZIÈME

DÉVOTION A SAINTE PHILOMÈNE. — ORIGINE. —
PROGRÈS. — ZÈLE DE M. GIRARD A LA PROPAGER.

Il n'est pas possible de rappeler les vertus de
M. Girard sans consacrer un chapitre entier à parler du culte si constant, si tendre, disons même
si enthousiaste qu'il avait voué à sainte Philomène.
Ici, comme dans tout le reste de cette notice, nous
ne ferons que rapporter fidèlement les paroles et
les sentiments consignés dans tous les écrits et
exprimés dans toutes les conversations de ce dévot
serviteur de la *chère Sainte*. Écoutons-le d'abord
raconter, dans son style d'une naïveté piquante,
l'origine de cette dévotion :

« Dans le mois de novembre 1834, je conversais
à la récréation du soir avec M. Aladel, qui avait
les secrets d'une novice des filles de la Charité, et,
tout naturellement, la conversation roulait sur les
miracles que faisait la très sainte Vierge en si
grand nombre, par le moyen de la médaille miraculeuse. Tout à coup on l'appela ; mais en me quittant il me dit : On parle aussi d'une sainte qui fait
des miracles. Elle est en Italie. Cette parole me
fit une grande impression. Il me tardait que le jour
ût venu pour chercher d'autres renseignements.

En effet, je cherchai si bien que je sus bientôt tout ce que je voulais savoir.

« Je trouvai un livre intitulé : *La Thauma-turge du* XIXᵉ *siècle,* qui mit l'enthousiasme dans mon âme. J'avais une joie que jusque là je n'avais jamais connue ; il se fit dans mon imagination une vision incessante. Je ne voyais rien, et j'étais affecté comme si je voyais en Italie une sainte à genoux, en prière, et tournée vers la France. Cette image ou imagination me suivait partout et cependant, de toutes les images qui me tombaient sous les yeux, je n'en trouvais aucune qui me représentât ce que j'avais dans l'esprit. Enfin, étant allé de Tours où j'avais mon domicile, ou mon *Caphar-naum,* à la Haye-Descartes, je trouve dans la chambre du vicaire une gravure qui représentait assez bien celle qui me suivait partout. J'en dus bondir de joie : et comme j'étais assez lié avec ce vicaire, je pris cette gravure et la portai de sa chambre dans la mienne sans lui en parler. Quand il s'en aperçut, il s'en plaignit bien un peu, mais amicalement. Je gardai si bien l'image avec son cadre, que je l'ai encore (1872) ! Je n'ai jamais retrouvé la pareille. Devant retourner à Tours lorsque ma mission fut finie, il me fallut prendre la grande voiture venant de Bordeaux. Je désirais beaucoup être seul dans le compartiment où je monterais, afin d'honorer ma sainte nouvelle, et il en fut ainsi. Me voyant sans témoin dans cette grande voiture, j'eus l'idée d'y faire comme une

espèce de chapelle. Je plaçai devant moi le cadre
que j'avais pris au vicaire, et je me mis à genoux
pour prier. J'avais sur moi un beau reliquaire en
argent, de forme ovale, où il y avait un os de sainte
Philomène qui m'était venu de Naples par un assis-
tant italien de la Congrégation. »

Ici s'arrête malheureusement une narration
qu'on poursuivrait volontiers, tant est suave le
parfum de piété qui s'en exhale ; mais si ces
quelques lignes, trop brusquement interrompues,
sont impuissantes à satisfaire la pieuse curiosité du
lecteur, elles suffisent amplement pour faire connaître authentiquement le point de départ d'une
dévotion vraiment extraordinaire et par la conti-
nuité de ses progrès, et par l'universalité de ses
pratiques, et par le zèle que M. Girard mit à la propager, et, osons le dire, par les effets merveilleux
qui, plus d'une fois, semblèrent la récompense
d'une âme simple.

« J'étais arrivé depuis quelques jours à Alger,
continue M. Girard, quand j'eus l'idée de faire dans
l'église de Bab-el-Oued (N.-D. des Victoires) un
petit autel en l'honneur de sainte Philomène que
j'avais dans le cœur depuis neuf ans. Cette sainte
m'avait toujours singulièrement protégé et favorisé depuis que je l'avais connue. Ce qui m'avait
affectionné à cette thaumaturge, c'est qu'elle faisait
sentir sa protection et la rendait visible tantôt
d'une façon, tantôt d'une autre. Aussi, partout où
mon ministère m'avait amené, j'avais toujours

prêché sainte Philomène, encore plus dans les conversations que dans la chaire. Voulant donc lui élever un autel, je m'y pris de la manière la plus économique parce que nous étions pauvres. Je fis servir pour cela de vieilles planches ; on employa pour les couvrir des draps, des serviettes et de petits ornements qui furent prêtés, en sorte que lorsque l'autel fut achevé, il ne m'avait coûté que sept sous (0, 35). Comme il fallait éclairer l'autel de la *Fille de la lumière* et que l'argent manquait, je fis appel aux fidèles. Bientôt le luminaire devint abondant. On vit entrer dans l'église un homme inconnu, portant une brassée de grands cierges, qu'il déposa sur le marchepied de l'autel. Cela fait, il partit sans rien dire et s'en alla. Quelques moments après, on le vit rentrer avec une charge pareille qu'il déposa également sur le marchepied, puis il dit : « En voulez-vous encore ? On lui répondit : C'est assez. Il y en avait tellement qu'on dut emprunter tous les chandeliers des voisins et que l'illumination fut splendide. » Le *bon Père* aimait beaucoup à raconter cette petite histoire et il ajoutait : « Je serais porté à croire que cette prodigieuse quantité de cierges annonçait l'abondance de secours, afin de chasser toute inquiétude pour l'avenir ! » Toujours et partout le même esprit de foi !

Un tendre sentiment de dévotion à la *chère Sainte* le porta, on l'a déjà vu, à faire des démarches auprès de l'autorité civile, pour que l'impasse de la rue Philippe, où se trouvait le premier établissement des Prêtres de la Mission, reçût le nom de Sainte-Philomène. Cette faveur lui fut accordée, grâce à un singulier quiproquo de l'architecte. Les voisins des Missionnaires ne virent là qu'un incident de peu d'importance. Tout au plus, saluèrent-ils avec quelque reconnaissance l'apparition d'un réverbère qu'ils réclamaient en vain depuis dix-huit mois; le fidèle serviteur de sainte Philomène n'hésita pas à reconnaître une marque de protection visible dans un événement, si vulgaire fût-il, qui se produisait le « jour même où l'on célébrait alors la fête de son aimable patronne ».

« Ma dévotion, continue-t-il ailleurs, chercha quelque sanctuaire où elle pût se satisfaire; mais elle n'en trouva pas ailleurs qu'à Birkadem, dont l'église fut consacrée par Mgr Dupuch à la grande Sainte, comme l'appelait le Pape Grégoire XVI. J'eus le bonheur d'assister à cette consécration, et je demeurai fidèle à cette église dont voici l'historique.

« Des difficultés, dont j'ignore la cause et la nature, s'étant élevées entre Mgr Dupuch et les religieuses de Saint-Joseph de l'Apparition, Sa Grandeur fut mandée à Rome pour s'expliquer, ou même se justifier; or le Prélat crut devoir prendre le chemin de Naples à Mugnano, où se trouve le tombeau de sainte Philomène. Là, pour obtenir la protection de la nouvelle thaumaturge, il promit de dédier sous son vocable l'église qui se construisait à Birkadem. Ses affaires ayant bien tourné à Rome d'abord et à Paris ensuite, il attribua ce bon succès à l'intervention puissante de la Sainte. De retour à Alger, il trouva l'église achevée, et il s'empressa d'accomplir son vœu. Quelquefois, j'y allais en pèlerinage avec quelques filles de la Charité, attiré uniquement par le désir d'honorer la Sainte ; mais ces pieuses courses cessèrent en 1848, parce que le culte de sainte Philomène s'établit alors à Kouba. Aussi bien au Grand Séminaire que dans l'église paroissiale. » En souvenir de ces premiers pèlerinages du vénérable Supérieur, il passa en usage de commencer toujours les promenades, après la rentrée d'octobre, par une visite à l'autel de sainte Philomène à Birkadem. Y manquer eût semblé un présage de malheur pour le reste de l'année.

« J'avais, poursuit-il, promis à sainte Philomène de lui ériger une petite chapelle au Grand Séminaire de Kouba quand j'y serais installé, au cas où le désir de posséder ce local serait satisfait ; et il le fut complètement, avec des circonstances touchantes. Aussi, arrivé dans le camp de Kouba, je pensai à tenir ma promesse. Tout me manquait pour l'exécution. Enfin, un local fut choisi ; une statue que je demandai me fut accordée par la maison des orphelines de Mustapha-Supérieur, et la chapelle fut érigée. Hélas ! on va probablement la démolir pour les nouvelles constructions ! Elle sera regrettée par les séminaristes qui y ont fixé leur dévotion et dont pas un ne laisse passer un seul jour sans y faire une visite. Plusieurs prétendent avoir obtenu dans ce modeste oratoire des faveurs insignes pour eux et pour leurs parents. » Tous ceux qui ont prié dans cette petite chapelle, tendue de pauvres draperies rouges, décorée un peu plus tard d'arabesques de papier artistement découpé, et portant au recueillement par cette simplicité même et par un silence religieux qu'interrompait seul le bruit de la mer, ne seront pas éloignés de partager ces regrets naïfs. Hâtons-nous de dire cependant que ce changement de local, loin de modérer la ferveur ne fit que multiplier les centres de dévotion en l'honneur de sainte Philomène. La statue venue de l'orphelinat domina l'autel du nouvel oratoire dans les nouveaux bâtiments et sembla encore présider aux exercices pieux de la Communauté ; l'aimable sainte eut une place d'honneur dans la grande chapelle ; elle a été en quelque sorte constituée la gardienne de la propriété et de la vigne, puisque du côté du Nord-Est, au tournant de la route d'Alger, un petit monument en marque l'entrée. Le vénérable Supérieur y célébra la messe pour la première fois le dimanche 30 juin 1867, et y prêcha sur les vertus de sa Sainte.

S'il plaçait partout ses images, il voulait que toujours, dans le cercle de l'année, les pratiques de son culte fussent en honneur. Les neuvaines à la *chère Sainte* se succédaient sans interruption ; des cierges brûlaient continuellement devant son autel ; ce n'était pas assez de la fête liturgique qui tombe le 11 du mois d'août dans le calendrier romain, une piété ingénieuse savait multiplier les joyeux anniversaires. Ainsi, le 10 janvier ramenait le souvenir de la naissance, et le 25 mai celui de la découverte, en 1802, du corps de la Thaumaturge. Sans doute, l'humble enfant de l'Église ne prétendait pas prévenir le jugement de sa Mère dans l'institution de ces solennités extraordinaires. Il demandait seulement à manifester sa joie par la célébration d'une messe votive, et Mgr Pavy se prêtait volontiers à ce désir. Les rigides observateurs des Rubriques trouvaient ce zèle excessif, et cependant il fallait bien convenir que rien n'interdisait ces jours-là des chants plus gais, des guirlandes plus fraîches , le *Deo gratias* au réfectoire, la promenade du soir ni même l'illumination de la petite chapelle.

A ces naïves réjouissances s'ajoutaient de temps en temps des cérémonies plus imposantes, telles que l'inauguration d'une magnifique châsse, au mois d'octobre 1858 dans l'église paroissiale. Le corps de la Sainte, modelé en cire et couvert de riches vêtements, y reposait sur des étoffes de soie et d'or, derrière une grande glace de cristal. Elle fut déposée au Séminaire pendant quelques jours et transportée en grande pompe sur l'autel qui lui était destiné. Mgr Pavy présida la cérémonie ; huit diacres en dalmatique portaient la relique ; tous les habitants de la paroisse et les séminaristes suivaient en chantant des hymnes et des cantiques ; après la bénédiction du pieux monument, le Pontife développa, avec cette richesse de langage dont il avait le secret, la parole de nos saints livres qui promet aux justes *une mémoire bénie, et à leur cendre, l'éclat d'une renommée toujours florissante* (Eccle. XLVI, 14). Pendant la semaine suivante, M. Girard donna les exercices d'une petite retraite en l'honneur de la Sainte, et, coincïdence admirable ! dès le premier jour, un protestant du *Vieux-Kouba,* bien connu par son obstination dans l'erreur et sa vie peu régulière, se convertit à l'article de la mort et édifia tout le village par une fin très chrétienne.

A partir de cette époque surtout, le culte de sainte Philomène eut sa place privilégiée dans les moyens inspirés par l'esprit de zèle pour la sanctification de la paroisse. Une congrégation fut instituée sous son nom parmi les petites filles de la maison de la Sainte-Enfance ; les plus pieuses avaient l'honneur, fort envié, de porter solennellement sa statue aux grandes processions de l'Ascension et du 15 août. Chaque jour, après la messe, elles récitaient le chapelet de leur sainte Patronne, composé par le *bon Père* (1) ; toutes se préparaient à ses fêtes, si nombreuses dans le calendrier du

---

1. Cette prière consistait à réciter le *Crédo,* trois *Pater* et *Ave,* 13 fois : Je vous salue, sainte Philomène, et vous prends pour ma patronne. Je vous reconnais, après la très sainte Vierge, pour mon avocate auprès de Jésus, votre divin Époux, et vous

vénérable directeur, par de ferventes neuvaines.
Croyait-on avoir obtenu quelque grâce signalée,
aussitôt la reconnaissance se traduisait par une
réjouissance de famille, que le grave Supérieur se
faisait une joie de présider.

Cette ardeur de prosélytisme pour propager une
dévotion si chère ne se renfermait ni dans l'enceinte du Séminaire, ni dans les limites de la
paroisse, elle suivait partout l'intrépide Missionnaire. Dans tous ses voyages en France, il se faisait
l'apôtre de sainte Philomène. Parlait-il à une
réunion de jeunes filles ? il ne terminait jamais son
allocution sans raconter une histoire de sa sainte
chérie ; donnait-il des conseils aux filles de la Charité pour réussir dans leurs œuvres ? il finissait
invariablement par une exhortation à prier sainte
Philomène ; puis, pour prévenir l'oubli, il leur
laissait gracieusement une image ou une médaille
de l'aimable Sainte. Combien pourraient compléter
ce récit par d'intéressantes anecdotes !

Peu de temps après son entrée dans la Congrégation, un pieux fidèle de la paroisse de Saint-
Gervais à Paris s'adressa, par son conseil, à sainte
Philomène et en obtint une grâce particulière. En
témoignage de reconnaissance, il conçut le désir

prie d'intercéder pour moi maintenant et à l'heure de ma
mort.

Fille chérie de Jésus et de Marie, sainte Philomène, priez
pour nous qui avons recours à vous. Trois fois : Sainte Philomène, priez pour nous. Ainsi-soit-il !

de voir le culte de sa sainte Patronne adopté dans son église paroissiale. Il s'en ouvrit à M. le curé, qui accueillit cette pensée avec empressement. Monseigneur l'archevêque accorda l'autorisation nécessaire, et le 8 août 1836, une belle statue de la Sainte, donnée par la famille qui avait été l'objet d'une faveur signalée, fut placée et bénite solennellement dans une des chapelles de l'église Saint-Gervais, la chapelle Saint-Laurent. Le lendemain, M. le curé y célébra la messe devant un reliquaire de la Thaumaturge, contenant quelques fragments de ses os. Il y eut plusieurs communions; quelques fidèles des autres paroisses vinrent prier dans le cours de la journée devant la relique. Le concours continua pendant toute l'octave, et ainsi fut établie cette neuvaine qui réunit chaque année des pèlerins de toutes les paroisses de Paris : l'église, quoique très vaste, est toujours remplie pendant ces heureux jours. Or la première cause de ce mouvement religieux fut le conseil donné par M. Girard de s'adresser à sainte Philomène. Ce fut encore lui qui décida M. Rouvière, alors curé de Saint-Gervais, à faire des démarches auprès de l'autorité diocésaine, lui qui fit présent à cette église du magnifique reliquaire dont nous avons parlé, lui qui concourut par sa présence, surtout par l'exemple de sa piété, à l'éclat de la première fête. Jamais depuis il ne fit un voyage à Paris sans venir s'agenouiller devant cet autel, qui exerçait sur son cœur une douce attraction. En 1877, il présida un des exercices de la neuvaine, bénissant intérieurement le ciel d'avoir contribué à rendre populaire un culte à peu près inconnu, il y a quarante ans.

Ce qui inspirait au *bon Père* cette dévotion poussée jusqu'à la tendresse, d'autres ont dit jusqu'à l'exagération, c'était la ferme conviction que la Sainte multipliait pour lui les prodiges de puissance et de bonté. Il mettait en première ligne le courage qui lui fut inspiré pour entreprendre et poursuivre l'œuvre du Séminaire : « Les obstacles étaient si grands, a-t-il écrit, et de tant d'espèces que je ne comprends pas aujourd'hui comment ils ont disparu. J'attribue le succès à sainte Philomène : oui, c'est elle qui a fait le Grand Séminaire de Kouba! » Et à vrai dire, chaque pas en avant, comme on a pu s'en convaincre dans cette notice, fut précédé de neuvaines à son autel. Ce fut notamment le jour anniversaire de l'invention de ses reliques, 25 mai, qu'il prit avec M. Dagret officiellement possession du camp de Kouba au nom de l'évêque.

L'intervention de la chère Sainte ne lui paraissait ni moins certaine ni moins admirable dans les événements ordinaires de la vie. Ainsi, sa statue renversée trois fois consécutives, sans cause apparente, dans les jours qui précédèrent l'occupation de notre maison de l'impasse par le génie militaire, « c'était l'annonce du départ ». De petits coups redoublés, frappés à côté de sa table de travail ou sur les rayons de sa bibliothèque, « c'était une ma-

nifestation de joie ou d'indignation qui ne pouvaient venir que de la bien-aimée ! » Un texte qui
s'offrait tout à coup à la mémoire, un plan d'instruction, longtemps et inutilement cherché, qui se
dessinait nettement dans l'esprit en un moment
imprévu, c'étaient des bienfaits de sainte Philomène, dont « il se montrait touché et reconnaissant ».
Une piété si naïve avec un esprit si positif et un jugement si pratique est assurément une merveille
de la grâce.

Voici ce qu'il écrivait le 1ᵉʳ mars 1854 : « Sainte
Philomène a fait pour moi bien des choses, qui
excitent ma reconnaissance et mon admiration ;
mais jamais elle n'a rien fait qui m'étonne et me
pénètre comme ce qui suit, et je ne peux que
m'écrier : Quelle bonne sainte ! Quelle admirable
sainte !

« Je passai presque toute l'après-midi occupé de
sainte Philomène. M. M*** vint au Séminaire avec
sa femme, sa belle-sœur, une autre dame et une
demoiselle de quatorze ans, accompagnée de son
père. Le but de cette visite était de recommander à
sainte Philomène la jeune personne dont il vient
d'être question, parce qu'elle était sujette à des attaques d'épilepsie. Je leur donnai à tous une médaille de sainte Philomène et une image où se
trouvent les litanies de la sainte avec une prière.
De plus, je dictai à M. M*** les prières qui com-
posent le petit chapelet de sainte Philomène. Il
était alors quatre heures.

« A peine avais-je quitté cette société, que je fus saisi d'un serrement de cœur. Il me semblait que sainte Philomène me parlait et me disait que ma famille venait d'éprouver un grand malheur; que je le saurais vers le dix du mois et que j'en serais affligé. Je devins triste et comme accablé sous cette préoccupation pendant toute la soirée. Je pensais néanmoins que sainte Philomène, qui me donnait cette nouvelle, protégerait celui des miens qui était dans ce malheur, et je me consolai un peu par cette pensée. J'oubliai presque cette affaire pendant quelques jours, et c'est beaucoup si j'y pensai deux fois depuis le premier jusqu'au neuf. Enfin le courrier, à cette dernière date, m'apporta la nouvelle qu'une lettre anonyme, écrite à mon neveu V***, lui intimait l'ordre de partir immédiatement pour Alger, ajoutant que trois personnes avaient juré de lui brûler la cervelle, que celui qui ferait le coup se tuerait lui-même pour éviter la punition, et que le sept mars était le dernier délai qu'on lui accordait. Ce qui me frappe vivement en tout ceci, c'est que mes parents ont reçu cette lettre menaçante le jour même où sainte Philomène m'en donnait connaissance à Kouba, et probablement, dans l'après-midi. Cette coïncidence me prouve si évidemment la bonté de sainte Philomène que je ne sais que m'écrier : O bonne sainte! »

L'intervention familière et habituelle de l'aimable Thaumaturge, qu'il ne nous appartient pas de caractériser, M. Girard en parlait comme d'un fait incontestable ; il en a longuement retracé l'histoire et en termes qui semblent épuiser toutes les formules de la tendresse unie à l'admiration. Peut-être en trouvera-t-on une explication suffisante dans l'alliance mystérieuse, contractée sur le cœur sacré du Sauveur, et dont voici l'acte authentique, écrit tout entier de la main du vénérable Supérieur.

« Sur le point de dire la messe à sa chapelle, sainte Philomène me pressait de la célébrer pour que notre union fût confirmée dans le sang de Jésus-Christ. Je l'ai fait.

« Dans le commencement de l'action de grâces j'ai été distrait, mais sainte Philomène m'a ramené et s'est mise à faire elle-même l'action de grâces en disant, à peu près (car il s'est passé là tant de choses que je ne m'en souviens plus, sinon d'un très petit abrégé) : Seigneur, tout-puissant et plein de bonté, qui avez daigné venir ici, permettez que j'embrasse vos pieds avec amour, et elle les a baisés quelque temps. Le bon Sauveur lui a donné à baiser ses mains. Elle a admiré la place des clous qu'elle a baisée avec respect. Le Sauveur a dit : Venez sur mon cœur et dans mes bras, car je vous aime. Je vous unis ensemble pour vous aimer. Sainte Philomène, à qui je ne refuse rien, a désiré s'unir à toi. Toutes les occupations obligées, tu t'en acquitteras par amour pour elle ; tous les moments libres, tu les consacreras à la prier ; s'il te survient des obstacles et des difficultés, le moyen à employer sera d'aimer paisiblement Philomène, qui les levera en peu de temps ; tu ne m'offriras pas un cœur sans l'autre, mais avec ton cœur tu m'offriras celui de Philomène. Je vous bénis pour le temps et pour l'éternité. Adieu, mes enfants! Le Sauveur s'est retiré. Tout cela se passait intellectuellement, et j'étais et je suis dans l'admiration de la bonté de mon Sauveur et de l'amour inexplicable de sainte Philomène pour moi, pauvre! Aujourd'hui, le plus beau jour de ma vie, 26 mars 1854, IV⁵ dimanche de carême. »

Que ce soit là, comme il a soin de le dire lui-même, une simple vision de l'esprit ou de l'imagination, elle n'en retrace pas moins le programme de dévotion, suivi très fidèlement depuis ; elle n'en contient pas moins le principe de ces transports qui empruntaient au cantique des cantiques ses accents les plus animés et se traduisaient quelquefois par ces brûlantes exclamations : « O sainte Philomène, que je vous aime! Je ne puis m'empêcher de le dire, ni le dire assez pour soulager mon cœur ! »

Souvent autour de l'infatiguable apôtre de cette dévotion chérie, s'élevaient comme des accusations respectueuses de zèle excessif; Mgr Pavy remarquait spirituellement que *son Père* Girard allait changer la formule du signe de la croix et dire : « Au nom du Père, du Fils, du Saint-Esprit et de sainte Philomène! » Le fidèle serviteur n'ignorait pas ces critiques respectueuses, et cependant il ne voulut jamais renoncer à cette grande Sainte, à cause du bien qu'il en avait reçu et qu'il espérait en recevoir.

Vers les dernières années de sa vie, il alla néanmoins jusqu'à se reprocher fortement ce qu'il appelait humblement une déplorable diminution de ferveur. Voici dans quels termes il s'exprimait : « Aujourd'hui, 14 février 1877, jour des Cendres, je suis encore, comme depuis environ trois ans, dans une tristesse profonde, après avoir été plus de trente ans dans une grande joie. En cherchant quelle est la cause de cette disposition, je vois que cela vient de ce que j'ai en quelque sorte abandonné la dévotion à sainte Philomène, qui m'avait attiré tant de joie, de paix et de confiance pendant un si grand nombre d'années. Aussi, plein d'un vrai repentir, je lui demande pardon et la prie de me rendre sa protection sensible : *Revertere, revertere, Sulamitis, ut intueamur te !* (Cant. VI, 12.) Dieu approuvera le pardon et le retour. Sainte Philomène imitera Notre-Seigneur Jésus-Christ qui pardonne et oublie. »

Il ajoute ensuite ingénument : « J'aime tant et tellement sainte Philomène, que j'ai souvent craint d'avoir excédé et poussé mon amour pour elle jusqu'à l'adoration. » Puis immédiatement il se rassure : « Il me semble que tout le ciel est avec sainte Philomène, et quand elle est absente, tout me manque. Oh ! venez, venez, sainte Philomène ! Venez, revenez, ne retardez pas ! Portez la lumière, la paix, la joie, la confiance ! »

S'il est vrai, comme l'exprime le P. Faber, que les dévotions particulières sont un puissant moyen de perfection, qu'elles exercent une grande influence sur la vie spirituelle et font une partie de la sainteté, il est juste de conclure que M. Girard a trouvé dans son ardeur constante à honorer sainte Philomène une partie de son énergie pour la vertu, qui a été le caractère de sa vie et de ses œuvres. Tout le monde sait que le vénérable curé d'Ars avait voué à la *chère petite Sainte* un culte de tendre vénération ; or c'est une gloire pour l'humble Supérieur de Kouba d'avoir ce trait de ressemblance avec le grand serviteur de Dieu.

CHAPITRE DOUZIÈME

DERNIÈRES ANNÉES DE M. GIRARD. — VOYAGE A CONSTANTINE. — MORT. — OBSÈQUES.

Aux longues fatigues de la lutte et du travail allait succéder pour M. Girard le repos de la vieillesse, prélude de celui d'une vie meilleure. Néanmoins, il entrait dans les vues de la Providence de lui faire acheter celui-ci par l'exercice du détachement. Cette main, toujours paternelle alors même qu'elle paraît sévère, brisait successivement tous les liens qui auraient pu encore retarder le cœur de ce fidèle serviteur dans les *ascensions intimes* dont parle le Saint-Esprit. (Ps. LXXXIII 6) Déjà, nous l'avons vu, sa démission des fonctions de vicaire général titulaire l'avait éloigné d'une certaine manière de ce clergé formé par ses soins et objet de sa tendre affection. Toute volontaire qu'ait été cette retraite, il est permis de supposer qu'elle ne se réalisa pas sans une douloureuse émotion. L'édifice matériel du Séminaire, dû en grande partie à l'activité de son zèle et à la ferveur de ses prières, avait été, pour ainsi dire, abandonné par le nouvel architecte ; ces murs de clôture inachevés, ces terrasses dégradées, ces bâtiments menaçant d'être bientôt des ruines, provoquaient au fond de son âme des regrets d'autant plus vifs qu'ils étaient entièrement stériles. L'église de la paroisse, où sa voix aimait à faire entendre aux petits et aux simples la parole divine, avait été confiée à un jeune prêtre, choisi parmi les plus dignes avec une attention délicate, mais qui n'appartenait pas à la famille de saint Vincent. Cette séparation, loin d'être imposée, avait été accepté d'avance et même provoquée, et cependant qui oserait dire qu'elle n'eut pas pour le vénérable vieillard le mérite du sacrifice ?

A l'intérieur de la famille, heureuse d'ailleurs *de jouir de lui dans le Seigneur,* comme Bossuet l'a dit de saint Vincent, (1) les craintes trouvaient

1. Lettre à Clément XI.

aussi leur place, *intus timores*. (II Cor. VII, 5.) Le Petit Séminaire avait été réuni au Grand. Cette disposition conservait à peu près le même nombre d'élèves à Kouba ; elle pouvait avoir l'avantage d'éloigner l'idée de donner à l'établissement une autre destination, comme on le craignait ; mais elle était loin de maintenir l'ancienne prospérité. La différence d'âge, d'études, de caractère dans les membres des deux communautés qui se trouvaient assez souvent en contact devait introduire de notables modifications dans le règlement ; or il est difficile d'admettre que la discipline n'eût pas à en souffrir. Si l'on ajoute à cela les changements fréquents dans le personnel des professeurs, une diminution désolante dans le nombre des vocations à mesure que les conditions d'admission devenaient plus rigoureuses, la triste nécessité, par conséquent, de ne pouvoir plus remplir les postes vides, on conprendra facilement que le digne survivant de *l'âge d'or de Kouba* éprouvât la tristesse des anciens de Jérusalem, alors qu'ils comparaient la gloire du premier temple à celle du second.

Les années avaient laissé intactes les facultés intellectuelles de M. Girard, il n'en était pas de même des forces du corps. Depuis quelque temps, une triste infirmité, déclarée incurable, le mettait dans l'impossibilité de présider les exercices de la communauté. Il fallut donc songer à lui donner un successeur. M. Boré, pendant son voyage en Algérie au mois de janvier 1877, s'en préoccupa ; s'il différa de quelques mois de lui en faire l'ouverture, ce fut pour donner satisfaction à un désir venu de haut et inspiré par un juste sentiment de vénération pour le respectable vieillard. Enfin, une lettre toute paternelle de M. le Supérieur général lui annonça que l'heure du repos était arrivée et quelques jours après, le 27 septembre, un confrère venu de France le remplaçait au Séminaire, joignant à la charge de Supérieur les fonctions de professeur de Morale. M. Girard conservait le titre et les pouvoirs de Visiteur ; en même temps il reprenait sa place au Conseil archiépiscopal, en qualité de vicaire général honoraire.

Nous ne prétendrons pas que le passage au second rang, dans une maison où le *bon Père* était tout, se soit accompli sans émotion intérieure : lui-même a consigné dans une note que ce fut là, avec son expulsion de l'église de Notre-Dame-des-Victoires, le coup le plus sensible porté à son cœur pendant son long apostolat en Algérie. Ce tribut de regrets spontanés, arrachés à la pauvre nature est merveilleusement propre, du reste, à consoler notre faiblesse de toutes ses défaillances. Bientôt cependant, la foi, la soumission à la sainte volonté de Dieu, la perspective de l'éternité, ramenèrent la sérénité dans son âme ; mais l'écueil contre lequel dut sans cesse lutter sa patience, fut l'inaction à laquelle il se trouvait condamné par ce changement. Il avait beau exercer son zèle par une prière continuelle ;

visiter chaque jour toutes les chapelles intérieures du Séminaire, le *Marabout* et le *Calvaire ;* instituer à la paroisse cette association de prières dont il a été question ailleurs ; lire la Sainte Écriture et la vie des Saints, il lui semblait toujours qu'il pouvait faire plus. Dans cette persuasion, il consulta son nouveau Supérieur vers la fin de l'année 1878, pour savoir s'il devait donner sa démission de Visiteur. « Il avait alors, raconte ce dernier, un autre projet qu'il lui dévoila en ces termes : Si je suis Visiteur, il faut rester ici où je ne puis faire presque rien ; mais si on accepte ma démission, je puis aller à l'hôpital, où je pourrai toujours dire la sainte messe, prêcher, consoler les malades et les préparer à la mort. » Admirable désir d'un Missionnaire à la dernière heure de la journée !

Une crainte qui le préoccupait, presque jusqu'à la terreur, c'était celle de perdre la tête. Il paraît même que la pensée d'avoir été déposé de sa charge parce que l'âge avait fort affaibli son intelligence fut pour beaucoup dans la peine qu'il en éprouva. Un tel sentiment lui inspira, sans doute, de répéter plus souvent la belle prière par laquelle il demandait la grâce de recevoir dignement les derniers sacrements de l'Église.

Il se préparait à ce redoutable moment par la plus édifiante régularité. Depuis dix ou douze ans il ne quittait plus ses habits, que pour changer de linge. Aussi le matin, dès le premier coup de quatre heures, il était sur pied. Il se prosternait pour

baiser la terre, mettait de l'ordre et de la propreté
sur sa personne, et, comme saint Vincent, arrivait
à l'oraison longtemps avant les autres. Il ne disait
sa messe que vers sept heures à cause de sa vue qui
était très mauvaise. Le reste de la journée se passait à prier, et il la terminait en récitant, avec
frère Alexis, les litanies des Saints pour obtenir la
grâce d'une bonne mort. « Dans les trois derniers
mois de sa vie, il paraissait quelquefois, dit un témoin oculaire, agité, inquiet... et disait : Oh! que
le passage est terrible! Je compte sur la miséricorde de mon Dieu ; mais j'ai peur cependant! Six
mois auparavant, il questionnait beaucoup sur le
Purgatoire : il voulait savoir quel était le plus
parfait de demander à souffrir ici-bas pour l'éviter,
ou de s'abandonner à la volonté divine. Je lui con-
seillai ce dernier parti et il parut s'y arrêter. »

Il eut, à diverses époques, des attaques partielles
qui lui paralysaient plus ou moins les bras et les
jambes momentanément. Un jour un confrère le
trouva par terre, le visage couvert de sang, et ne
sachant comment, ni depuis quand il se trouvait là ;
néanmoins il ne consentit jamais à avoir un frère
avec lui pour le soigner, excepté dans les voyages
et pendant la nuit où le fidèle frère Alexis couchait
dans une chambre voisine de la sienne. Serviteur
vigilant, il ne conservait qu'un seul désir, celui,
disait-il souvent, de mourir les armes à la main.

Ce vœu tout apostolique ne devait pas tarder à
s'accomplir. Monseigneur Dusserre, Vicaire géné-

ral d'Alger, enfant de prédilection de l'ancien Supérieur de Kouba, venait d'être nommé évêque de Constantine, à la place de Monseigneur Robert, appelé au siège de Marseille. Avant même sa consécration, il avait manifesté à son *cher Père* l'intention bien arrêtée d'avoir des Missionnaires dans son diocèse, et à diverses reprises, avant de quitter la métropole, il revint sur ce projet dont la réalisation lui tenait au cœur. Ceux qui ont connu le zèle de M. Girard pour les Missions comprendront avec quelle joie il accueillit ces ouvertures. Pour lui, les Missions étaient l'élément le plus puissant de transformation et de progrès spirituels pour cette Algérie qu'il aimait tant. Aussi, l'idée d'un voyage à Constantine, pour hâter la conclusion de cette affaire, lui vint-elle bientôt dans l'esprit; et comme son but était de procurer la gloire de Dieu et le salut des âmes, il mit à préparer ce voyage toute l'ardeur de son âme, tout l'enthousiasme de sa piété.

D'abord il pria, selon son habitude, et invoqua tous ses saints protecteurs. Lorsqu'il crut le moment venu il alla trouver M. F. Demiautte, nouveau Supérieur du Séminaire, pour lui demander humblement conseil. Celui-ci, justement effrayé d'une telle proposition, lui répondit qu'à son âge, un pareil voyage lui semblait imprudent et qu'il serait blâmé de l'avoir encouragé à le faire. M. Girard répondit immédiatement avec simplicité : « Je ne vous ai pas demandé votre avis pour n'en pas tenir

compte ; je savais bien que vous me parleriez fran-
chement. Puisque vous ne le voulez pas, je ne
partirai pas. Cependant, j'ai beaucoup de raisons de partir. » Il les exposa longuement, et
comme son interlocuteur ne changeait pas pour
cela de sentiment, il lui dit : « Je vous en charge
la conscience ! » Il voulait indiquer par là combien
il tenait à ce voyage. A la réflexion que cette manière de voir ne lui imposait aucune obligation
puisqu'il était Visiteur, il répondit encore par cette
parole si simple et si humble dans ce vénérable
vieillard : « Je ne vous ai pas demandé votre avis
pour ne pas le suivre. Je ne partirai pas, puisque
vous ne le voulez pas; mais je vous en charge la
conscience. » — « Comme il avait déjà annoncé son
arrivée à Constantine, continue M. Demiautte,
il me pria d'écrire moi-même afin qu'on ne l'at-
tendît plus. »

Le mois qui suivit fut pour lui très pénible. Son
zèle le poussait vers Constantine, et il ne voulait
pas y aller sans l'avis de celui qui était pour lui
l'interprète de la volonté divine. Cependant, cet
avis favorable, il n'était pas sage de le donner, et il y
avait de la cruauté à le refuser. Le bon vieillard
en souffrait visiblement; il prit donc le parti d'exposer sa peine à M. notre Très Honoré Père, et
la réponse ayant été affirmative, il put se mettre
en route le 7 avril, lundi saint, 1879, à six heures
du matin, accompagné du frère Alexis. Il avait eu
la pieuse précaution de demander des prières à

plusieurs maisons de nos sœurs pour son voyage et surtout pour le succès de l'Œuvre qui en était le but.

D'Alger à Sétif, c'est-à-dire, pendant près de deux jours et une nuit, il ne quitta qu'une seule fois le coupé de la diligence pour changer de voiture. Il se montrait gai, content, et récitait presque continuellement le chapelet avec son compagnon de voyage. Ses jambes, engourdies par un si long trajet, refusèrent bien leur service quand il fallut descendre au premier repos, mais le reste du corps fut si peu éprouvé par la fatigue, que le voyage, au dire du médecin qui l'a soigné dans ses derniers moments, loin d'avancer la mort, l'avait plutôt retardée.

Pendant la seconde nuit, de Sétif à Constantine, lorsqu'il eut passé environ deux heures en voiture, il commença à s'agiter, à frapper souvent et légèrement le frère, en lui disant : « Vous me faites mal » ; ce qui dura jusqu'à l'arrivée qui eut lieu à 6 heures du matin. Cette agitation était probablement le prélude de l'attaque.

A Constantine, il fallut trois hommes pour le tirer de l'*omnibus,* et il paraissait anéanti. Une fois à terre, il se remit un peu ; la voix de M. Soulié, Supérieur du Grand Séminaire, accouru pour recevoir le *bon Père,* sembla le réveiller ; il monta sans aide dans la voiture qui devait le conduire à Sainte-Hélène, propriété où s'élève le nouveau Séminaire, à 7 kilomètres de la ville. Pendant ce trajet, il causa beaucoup et gaiement avec M. Soulié qui avait été son confrère, pour ne pas dire son enfant de prédilection, à Kouba ; la conversation roulait tour à tour sur les séminaristes, sur la propriété et sur les Missions futures.... On était au mercredi saint. Arrivé à Sainte-Hélène, il avait oublié ses fatigues, et, comme s'il sortait de l'oraison, il demanda instamment à dire la sainte messe. Ce ne fut pas sans peine qu'on put le dissuader, et lui faire comprendre que ses forces ne lui permettaient pas de se donner en ce moment cette douce consolation ; il se mit donc à table par obéissance et prit un léger déjeûner. Après une heure de repos, il était debout, visitait en détail le Grand et le Petit Séminaire, parcourait la campagne, toujours gai et alerte.

Dans l'après-midi, il partit pour Constantine avec M. Soulié, dans l'intention de faire quelques visites. Mgr Dusserre, oubliant sa dignité pour ne prendre conseil que de son cœur, avait voulu prévenir son ancien Supérieur et s'était mis en route en compagnie des deux vicaires généraux, MM. Millot et Pavy. On rencontra à mi-chemin le bon prélat qui usa gracieusement de son autorité pour forcer le vénérable visiteur à rebrousser chemin et à lui donner audience dans sa modeste chambre. La conversation fut animée et expansive ; Monseigneur était au comble de la joie de trouver le *Père* si bien portant, malgré les fatigues d'un long voyage.

Le lendemain M. Girard se sentit un peu moins à l'aise, cependant il se rendit le soir à Constantine pour offrir ses hommages à Monseigneur visiter MM. les vicaires généraux et quelques autres membres du clergé. Tout à coup en voiture M. Soulié remarqua une agitation qui, décrite au frère Alexis, lui rappela l'accès de la dernière nuit du voyage. L'incident n'eut pas de suites, mais on se borna pour ce jour-là à un petit nombre de visites. De retour au Séminaire, il reprit son calme et son entrain ordinaires. Les jours suivants, il reçut la visite des sœurs et celle de quelques prêtres. Tous étaient étonnés de cette belle vieillesse, de cette intelligence toujours éveillée ; tous respiraient le parfum de cette piété si édifiante ; tous admiraient ce zèle infatigable. Les séminaristes surtout ne se lassaient pas d'entendre, à la lecture spirituelle, cette parole piquante inspirée par la sagesse elle-même.

Le jour de Pâques, il y eut à l'Évêché, pour lui faire honneur, grande invitation à dîner, néanmoins il s'excusa de s'y rendre à cause de son infirmité.

Ce qui le préoccupait douloureusement dans ses moments de solitude, c'était le refus des supérieurs majeurs d'accepter définitivement la nouvelle maison de Missionnaires. Le lundi de Pâques, il envoya frère Alexis prier dans l'Église du *Faubourg,* car c'était précisément celle qu'on offrait à la Congrégation ; il le chargea en même temps de demander des prières dans toutes les maisons de nos sœurs. De son côté, il ne restait pas inactif, et il employa le petit nombre de jours qui le séparaient de l'éternité à obtenir, relativement à l'établissement des Missions, une nouvelle décision plus favorable, à ce qu'il croyait, pour le bien des âmes. Voici ce qu'il écrivait à M. le Supérieur général, le lundi 14 avril.

Monsieur et très honoré Père,

Votre bénédiction, s'il vous plaît.

Conformément à votre permission, me voilà à Constantine avec le frère Alexis et l'autorisation du médecin. Mais quelle déception et quelle peine j'ai éprouvées en y arrivant ! J'ai appris que vous aviez refusé, d'une manière absolue, l'établissement de la Mission. Et comme vous donnez pour raison le manque de sujets, je ne puis que me conformer à une si juste décision, bien qu'elle ne laisse aucune porte à l'espérance. Ne sachant que faire, j'ai fait une prière, et il m'est venu l'idée que vous ne seriez pas fâché, si je ramenais la question sur cette affaire, d'autant plus que je fais acte de soumission et de conformité à la décision que vous avez prise.

Mais il me semble que quand il n'y a plus de sujets pour une œuvre il y en a encore, pourvu que Dieu la veuille ; et peut-être, me suis-je dit, y a-t-il, même dans nos maisons et établissements de Mission, quelques missionnaires qui ont peu ou pas assez d'ouvrage pour les occuper sérieusement toute l'année, ou qui ne réussissent pas là où ils sont. Et quand je sais pertinemment que vous n'aimez pas les ouvriers sans travail ou sans travailler, je me suis dit : Qui sait, si Monsieur le Supérieur général ne pourrait pas faire ce que dit Notre-Seigneur, aller en esprit dans une de ces maisons et après cela dans une autre, disant à ces confrères : « Pourquoi restez-vous sans rien faire, surtout pendant un temps de Jubilé ? » S'ils répondent : « C'est que personne ne nous a loués, » vous direz : « J'ai une vigne nouvelle, allez-y travailler et l'on vous donnera ce qui sera juste, » Je ne me permettrai pas de vous dire que telle maison demande de l'ouvrage, mais je sais qu'il y a quelques maisons qui en sont là...

Monseigneur Dusserre venant d'Alger, et ayant vu le bien immense que font les Missionnaires dans ce diocèse, veut d'une manière absolue l'établissement de la Mission dans le sien. Un refus de Paris pourrait le décourager et le décider, peut-être, à appeler une autre Congrégation, ce qui pourrait mettre la guerre entre les confrères et les missionnaires.

J'ai l'honneur d'être, Monsieur et très honoré Père, en l'amour de Notre-Seigneur, et de son Immaculée Mère, votre très humble et très obéissant serviteur.

GIRARD,
I. p. d. l. C. d. l. M.

La signature de cette lettre est à peine lisible et indique une main défaillante. Le texte révèle un jugement toujours sûr, une intelligence qui, sur le point de s'éteindre, n'a rien perdu de sa lumineuse et insinuante simplicité. Trois jours plus tard, à la suite d'un entretien qu'il avait eu à Sainte-Hélène avec Monseigneur, il insistait en ces termes :

Constantine, le 17 avril 1879

Monsieur et très honoré Père,

Votre bénédiction, s'il vous plaît!

Je crois devoir vous rendre compte d'un long entretien entre Monseigneur l'évêque de Constantine et moi, relatif à l'établissement de la Mission dans son diocèse.

N'ayant pu me rendre à une invitation qu'il m'avait faite pour dîner chez lui, le dimanche de Pâques, Monseigneur est venu me trouver au Grand Séminaire le mercredi, et m'a entretenu très longuement de son projet de mission. Comprenant que, dans ce moment, vous ne pouvez lui envoyer les sujets qu'il désire, il m'a dit et répété qu'il désirerait beaucoup que vous fassiez prendre possession de la maison par autant de sujets dont vous pourriez disposer dès maintenant, jusqu'à deux et même jusqu'à un seul; parce qu'il espère qu'un sujet ayant pris possession, la Mission pourrait s'augmenter peu à peu par les soins du premier, et par votre charité à lui venir en aide.

Je ne puis vous dire combien Monseigneur Dusserre tient à cet établisssment. Je ne crois pas que jamais une Mission vous soit demandée avec un si grand désir de l'obtenir, et une si sainte disposition de l'utiliser dans son diocèse. Aussi, considérant, et les grands besoins de ce diocèse, et le grand désir de son évêque, je vous prie de me permettre d'insister auprès de vous, pour que vous envoyiez, le plus tôt qu'il vous sera possible, un ou deux confrères et davantage, prendre possession de cette maison, parce que la moisson est mûre, abondante et prête à recueillir.

Messieurs les curés viennent quelquefois solliciter a Mission ; certains paroissiens l'appellent de tous leurs vœux : il se fait beaucoup de prières à Dieu et à la sainte Vierge pour en hâter l'établissement ; et Monseigneur l'évêque en est si désireux qu'il semble n'avoir pas d'autre affaire que celle-là. Je vous traduis dans cette petite lettre ses sentiments empressés, le plus fidèlement que je peux.

Agréez l'assurance de mes sentiments dévoués et respectueux, avec lesquels j'ai l'honneur d'être, Monsieur et très honoré Père, votre très humble et très obéissant serviteur,

GIRARD,

I. p. d. l. C. d. l. M.

Le lendemain, veille de sa mort, il adressait à la Supérieure générale des filles de la Charité la lettre suivante :

Constantine, 18 avril 1879.

MA RESPECTABLE MÈRE,

Me voilà à Constantine et non à Kouba, malgré mes infirmités, dans l'espérance de voir s'y établir une maison de Missionnaires, désirée et demandée par Monseigneur l'évêque de Constantine lui-même. Mais j'ai pourtant recours à vous comme au plus puissant moyen de succès. Je vous prie de trouver bon d'entrer pour quelque chose dans la fondation de cette bonne œuvre. Monsieur le Supérieur général, notre très honoré Père à tous, est très bien disposé à fonder cette maison, mais il n'a pas les sujets nécessaires. Je me suis avisé de penser que la sainte Vierge, telle qu'elle a apparu à sœur Catherine, devrait être la fondatrice de cet établissement; et voici, ce qui est un peu hardi, c'est que je désirerais que vous ayez la bonté d'envoyer à Constantine une statue ou un tableau de l'Immaculée-Conception, pour être placée dans la chapelle de l'établissement; je présume charitablement que vous ne refuserez pas de concourir à cette bonne œuvre, mais, si vous vouliez accepter, je paierais volontiers la statue ou le tableau que vous enverriez à cette maison.

Si vous veniez à voir Monsieur le Supérieur général, je vous prie de lui parler en faveur de cette bonne œuvre, tant désirée par l'évêque nouveau, comme elle l'avait été par l'ancien, désirée aussi par beaucoup de prêtres et de fidèles. Ce que voudrait Monseigneur l'évêque, serait que l'on prît possession de la maison le plus tôt possible, par un missionnaire qui attendrait et gouvernerait les autres. Vous avez une maison de vos filles dans ce faubourg.

Je viens de recevoir une lettre de la Chine, écrite par la sœur Azaïs, et comme je n'écris plus, je ne peux lui répondre. Si vous pouviez lui faire savoir que je fais les prières qu'elle me demande pour **une** sœur défunte, vous me feriez grand plaisir.

Agréez, bonne Mère, l'assurance de mes sentiments les meilleurs et les plus dévoués en Notre-Seigneur, en l'amour de qui je demeure votre très humble serviteur.　　　　GIRARD.

C'était son testament et le dernier service rendu à cette Algérie pour laquelle il avait, pendant trente-six ans, travaillé, souffert et prié.

En effet, le samedi matin 19 avril, après s'être levé comme toujours à quatre heures, après avoir fait sa méditation, il entendit la messe et fit la sainte communion. Il n'avait célébré le saint sacrifice à Constantine qu'une seule fois depuis son arrivée, parce que sa vue, le changement de Missel, de calice et d'autel lui faisaient craindre de commettre involontairement quelque profanation ou omission grave. Pour suppléer à cette rude privation, il se fit un pieux devoir de recevoir la sainte communion chaque jour à une messe, et d'en entendre une seconde en action de grâces. La veille au soir il s'était confessé. Il était prêt!

Comme il se proposait ce jour-là de visiter Monseigneur et les filles de la Charité, on avait devancé pour lui et pour M. Soulié l'heure du dîner. Il était dix heures quand il se mit à table. Il prit ce repas de bon appétit et se montra gai dans la conversation selon son ordinaire. Peut-être sa joie venait-elle de la conviction intime que le ciel avait exaucé sa prière, car, le matin avant d'assister à la messe, il avait dit au frère Alexis : « Remercions Dieu, nous avons la Mission ! elle a été accordée, je le sais. » Au moment de se lever de table, il se trouva muet ; sa voix qui avait été claire jusque-là devint confuse, bientôt il ne sortit plus de sa bouche que des mots inarticulés. On le transporta au grand air, les confrères s'assemblent, les serviteurs accourent. Avec cette énergie qui avait dompté tant de fois la fatigue et même la maladie, le courageux vieillard voulait encore dominer le mal par la force de la volonté : « Que fait tout ce monde ? s'écriait-il, renvoyez-les, donnez-moi mon chapeau, partons ! Ce n'est rien. »

Bientôt M. Soulié reconnut qu'il ne s'agissait pas d'une faiblesse momentanée, mais qu'il y avait une véritable attaque d'apoplexie. Sans perdre une minute, il se met en route pour Constantine, afin de prévenir Monseigneur et amener promptement un médecin. Il recommande, en partant, de donner l'Extrême-Onction au malade pour peu que son état vienne à empirer. Le mal, en effet, fait des progrès rapides. On transporte le moribond dans

une chambre voisine et on l'étend sur un lit.
M. Garros s'approche et lui propose le sacrement
des mourants. Le malade ne voit dans cette sug-
gestion qu'une crainte exagérée : « Demain, si
vous voulez, répondit-il, aujourd'hui je dois faire
mes visites. » Le frère Alexis, tout en pleurs,
prend son courage à deux mains, selon sa propre
expression, et malgré ou plutôt à cause de la profonde affection qu'il avait pour le *bon Père*, lui
donne cette dernière preuve de son filial dévouement : « Vous m'avez chargé, lui dit-il, de vous
avertir quand vous seriez en danger de mort,
l'heure est venue, je vous en avertis ! »

Alors le pieux vieillard n'ajoute plus une seule
parole ; sa figure prend une remarquable expression
de recueillement et le prêtre commence les onctions
sacrées. Lorsqu'elles sont terminées, M. Garros
lui suggère diverses invocations à Notre-Seigneur,
à la Très Sainte Vierge, aux saints qu'il aimait,
et il répond à toutes, malgré la paralysie, d'une voix
distincte, ayant soin d'approprier la formule à son
état. « Sainte Philomène vient vous chercher : »
lui dit un frère. « Oh ! oui, oui ! » répondit-il en
s'efforçant de sourire. A la vue du crucifix que lui
présente frère Alexis, il le saisit énergiquement
de la main droite, le colle à ses lèvres avec tant
de force que ceux qui en furent témoins sont encore
émus de ce souvenir ; puis il porte sur son cœur
l'image du Sauveur, la presse et l'y enfonce
en quelque sorte, comme s'il eût voulu l'y faire

pénétrer. Dès lors toute son occupation est de s'entretenir avec son crucifix, en silence, plutôt joyeux que triste, répondant aux prières qu'on lui rappelle avec un à-propos qui montre son intelligence toujours éveillée. « *Ora pro me!* » soupirait-il, en entendant chaque invocation des litanies des Saints. Lui qui avait tant prié pour les autres pendant sa longue existence, il comprenait que, en ce moment suprême, il se devait tout entier au sacrifice de sa propre vie.

Tout à coup on annonce l'arrivée du médecin : le malade l'entend, lève les yeux, et apercevant le docteur, laisse couler de ses yeux deux grosses larmes ; le sang lui monte à la tête et sa figure se colore d'une teinte bleuâtre. Pendant que le cher frère Alexis le soulève afin de lui permettre de respirer plus facilement, le mourant lève lentement le bras droit, pose la main sur la tête de celui qui fut si longtemps le confident discret de ses pensées pieuses, comme pour lui donner une dernière marque de tendre affection, et expire doucement. Il avait gardé jusqu'au dernier moment sa pleine connaissance, selon le vœu qu'il en adressait au ciel depuis quarante ans.

Monseigneur Dusserre ne tarda pas à arriver. Hélas ! Sa Grandeur ne trouva plus que la dépouille mortelle de celui qu'Elle aimait et vénérait comme un père. La mort semblait avoir respecté cette figure vénérable qui respirait le calme d'un paisible sommeil. Monseigneur s'agenouilla, pleura et pria.

Le corps ayant été embaumé, resta exposé jusqu'au jeudi suivant 24. Cependant à la nouvelle du triste événement, Monseigneur l'Archevêque d'Alger avait demandé par dépêche télégraphique à M. Boré, Supérieur général, si la Congrégation consentirait à ce que M. Girard fût inhumé dans la chapelle du Séminaire qu'il avait fondé matériellement et moralement. Sur la réponse affirmative, toutes les mesures furent prises immédiatement pour qu'on ramenât à Alger le corps du vénéré défunt.

En attendant, on le déposa dans le cercueil de plomb que la loi exige pour les transports lointains. Une pluie abondante était tombée toute la nuit du mercredi au jeudi et devait durer encore près de deux jours. Le commissaire de police qui présidait à l'ensevelissement, engagea le Supérieur de Sainte Hélène à faire transporter le corps au delà de la rivière qui coupe la route du Séminaire à Constantine, parce que la crue des eaux pouvait rendre le lendemain le passage du gué impraticable. Monseigneur fut consulté sur cette mesure et on lui proposa de déposer le cercueil dans la chapelle des filles de la Charité du *Faubourg*. Sa Grandeur fit répondre que, cette chapelle se trouvant trop petite, il fallait choisir de préférence l'église paroissiale de ce quartier; or cette église, le prélat en fit plus tard la remarque, était précisément celle qu'il désirait confier à la Congrégation. On eût dit que la Providence s'expliquait par cet

événement imprévu, et voulait que l'ardent promoteur de l'œuvre des Missions en prît le premier
possession !

Le lendemain vendredi, 25 avril, Monseigneur
célébra une messe basse devant le corps ; il était
assisté de ses vicaires généraux, du clergé de la
ville, de tous les prêtres de la Mission présents à
Constantine et des deux Séminaires. Les filles de la
Charité de la ville et des environs étaient venues
en grand nombre. Après la sainte messe, le cortège
se forma : Monseigneur l'Évêque le présidait,
Mgr Millot, protonotaire apostolique et vicaire
général y assistait en chape noire et en mître
blanche ; les prêtres du Diocèse s'y trouvaient
au nombre de plus de cinquante ; on y voyait les
PP. de la Compagnie de Jésus et toutes les communautés de femmes ; le concours des fidèles était
aussi nombreux qu'édifiant. La pluie, qui n'avait
cessé de tomber depuis la veille, s'arrêta au moment
où la procession commença à se dérouler, et
malgré la longueur du parcours, on put arriver à
la Cathédrale sans être troublé par le mauvais
temps. Le Supérieur de Kouba, accouru en toute
hâte à la première nouvelle de la mort du *Père,*
chanta la grand'messe à laquelle assistait Monseigneur environné de tous ses prêtres. Avant de
faire l'absoute, Sa Grandeur prononça d'une voix
altérée par l'émotion et souvent interrompue par
les larmes, un touchant discours dont nous regret-
tons vivement de ne pouvoir donner que la division.

Elle était tirée, très heureusement, de ce passage du premier livre des Rois : « *Je me susciterai un prêtre fidèle, qui agira selon mon cœur et selon mon âme,...* Voilà ce que M. Girard a été, par la grâce de Dieu... » *Et J'établirai en sa faveur une maison fidèle* (1). (I Reg. II, 35.) Voilà ce que Dieu a fait par lui et pour l'Église d'Afrique : il a fondé le Séminaire et formé le clergé. » Le développement de ces deux pensées, écouté par une foule attendrie, avec ce pieux intérêt qui s'attachait également à l'orateur et à celui dont le souvenir inspirait de tels accents, ont laissé dans toutes les âmes la plus profonde impression.

Et maintenant, d'autres honneurs, non moins sincères et encore plus éclatants, attendent l'humble fils de saint Vincent sur le théâtre de ses longs travaux. Nous laissons à un témoin fidèle le soin de les raconter, et nous reproduisons religieusement les pages touchantes qu'on a déjà lues dans les Annales de la Mission (2).

« Deux choses seulement m'ont singulièrement frappé dans ce voyage : premièrement, c'est qu'il a eu lieu principalement le jour de la Translation des reliques de notre saint Fondateur ; secondement, j'ai mieux compris que jamais l'influence de la piété et de la vertu, les effets profonds qu'elle produit dans les âmes qui la contemplent, la force

1. Suscitabo mihi sacerdotem fidelem, qui juxta cor meum et animam meam faciet : Et ædificabo ei domum fidelem.
2. Tome XLIX.

avec laquelle elle grave dans les esprits ses enseignements. Chacun des prêtres que je rencontrais
me redisait avec sa vénération pour le défunt,
sa tendance à l'invoquer déjà, tout en priant pour
lui ; chaque prêtre me rappelait quelques-unes de
ses maximes, et paraissait ne s'en souvenir que
pour s'appliquer de plus en plus à les mettre en
pratique.

« Nous étions arrivés à Alger, le lundi matin
28 avril. Monseigneur l'Archevêque d'Alger, dans
la belle circulaire que vous avez entendu lire au
réfectoire, avait rappelé à son clergé les faits
principaux de la longue et belle carrière de notre
regretté confrère en Algérie ; il avait fixé le service funèbre à la Cathédrale au jeudi 1ᵉʳ mai, afin
que les prêtres éloignés d'Alger pussent y venir
plus facilement, afin que les sœurs enseignantes
ne fussent point arrêtées par leurs classes.

« Le corps fut donc déposé dans une chapelle
latérale de la Cathédrale, dans la chapelle de Notre-
Dame du Mont-Carmel ; le mardi, le mercredi et
le jeudi, les confrères des diverses maisons et les
prêtres de la ville se succédèrent à l'autel de
Notre-Dame depuis 5 heures du matin jusqu'à
8 heures ou 9 heures ; les fidèles et nos sœurs s'y
rendaient toute la journée.

« Le jeudi à 9 heures du matin, la Cathédrale
était remplie d'une multitude de personnes qui
avaient toutes plus ou moins connu M. Girard. Je
ne parle pas des confrères, ni de nos sœurs qui

étaient là en très grand nombre. Il y avait au moins quatre-vingts prêtres, les députations de toutes les communautés d'hommes et de femmes, de la ville et de la banlieue. Monseigneur Lavigerie, qui ne devait d'abord que faire l'absoute, voulut chanter lui-même la Messe des morts : il est peu de cathédrales où les cérémonies se fassent aussi bien qu'à Alger, et je crois qu'il serait difficile de rencontrer un archevêque officiant avec autant de majesté et d'aisance que Monseigneur l'Archevêque d'Alger : aussi cet office funèbre avait-il quelque chose de triomphal. Mais ce qui le rendait plus beau à mes yeux, c'est le grand nombre de personnes présentes à cette cérémonie, qui pouvaient se rappeler intérieurement ce qu'elles devaient au défunt, les unes des secours spirituels, d'autres des assistances temporelles ; je ne puis encore que le deviner pour les détails, mais je suis sûr pour l'ensemble des faits que M. Joseph Girard a été longtemps en ce pays un instrument de la Providence qui a soulagé bien des misères, consolé bien des infortunes, encouragé, aidé, soutenu bien des saintes entreprises. Des personnes du peuple, de Kouba et de la Maison-Carrée, ont fait huit ou dix kilomètres pour venir rendre un dernier hommage à celui qu'ils appellent le Saint, mais qu'ils nomment aussi leur bienfaiteur. Un jardinier de Kouba que je ne connais pas encore de nom, me disait au lendemain de la mort de notre confrère : « On le rapportera ici ; vous ne pouvez pas le laisser à Constantine, ils ne le connaissent pas là-bas ; quand il arrivera à Alger, j'irai assister au débarquement. Quand il venait prêcher à la paroisse, ni le mauvais temps, ni le travail ne pouvaient m'empêcher d'aller l'entendre; rien ne m'empêchera d'aller à son enterrement. Voyez-vous, ce n'était pas un homme comme un autre. « Après l'absoute, le cortège des communautés, des Séminaires et des prêtres qui avaient assisté au service funèbre se déroula dans les rues d'Alger, semblable à une procession triomphante ; malheureusement les pompes funèbres qui avaient été averties de prendre les précautions convenables, et qui avaient dû remarquer, dans le transport du quai à la cathédrale, que leurs voitures étaient trop petites et trop étroites pour le cercueil, n'avaient pris que des précautions insuffisantes, il fut impossible de faire entrer le cercueil dans le corbillard qui avait été amené. Dans le peuple, on entendit ces paroles : « Le saint homme ne peut pas plus se décider à quitter l'église après sa mort que pendant sa vie. » Quant à nos séminaristes, ils se rappellèrent qu'il leur avait parlé plusieurs fois contre les corbillards, et qu'il leur avait dit : « Pour moi, je veux être porté au cimetière par mes enfants. » Et prêtres, et séminaristes le portèrent sur leurs épaules jusqu'à la paroisse Saint-Augustin, où se trouva le corbillard des pauvres, lequel était sinon assez long, du moins assez large. Nos sœurs de la Charité crurent que ce digne enfant

de saint Vincent qui avait été si simple pendant
sa vie, n'avait pas voulu du corbillard des riches.

« Toute la paroisse de Kouba vint au devant de
celui qu'elle vénérait depuis le 31 mai 1848, jour
où il était venu se fixer dans son sein, en y instal-
lant une statue de la sainte Vierge, à l'entrée des
baraquements que l'État venait de céder au diocèse d'Alger pour le séminaire. M. Girard revenait
le 1er mai, aussi honoré dans la mort qu'il avait
été simple et humble en y arrivant 31 ans auparavant. La paroisse, convoquée par son curé,
s'était rendu au bas de la colline du Calvaire,
ce beau monument de la piété de M. Girard ;
les parents s'étaient endimanchés, et les jeunes
filles étaient revêtues de leurs robes blanches.
Arrivés à l'église du séminaire, nous y dépo-
sâmes le cercueil au milieu de la nef, en face
du caveau béant qui devait le recevoir le lendemain. La procession de la paroisse demanda à dé-
filer devant le cercueil du saint vieillard et il fallut
pour la contenter lui permettre d'entrer tout entière
par la grande porte et de sortir ensuite par la
porte de la sacristie : ce défilé dura bien vingt minutes et se fit avec un admirable recueillement.

Le lendemain, vendredi 2 mai, je pensais
n'avoir à l'office funèbre que nos confrères d'Alger
et de Mustapha, et les sœurs de la charité qui
n'avaient pas assisté à l'office de la cathédrale.
Mais la paroisse de Kouba ne se contentait pas du
service funèbre qu'elle avait célébré huit jours au-

paravant; quoiqu'on n'eût invité que le conseil de fabrique, tout le monde sut l'heure du service et beaucoup voulurent y assister; le clergé du diocèse voulut également s'y trouver, et nous y vîmes de 40 à 50 prêtres; nos sœurs y vinrent aussi en grand nombre. Je crois que beaucoup de personnes venaient plutôt s'édifier et s'attirer la protection du défunt que dans l'idée de lui être utile. Aussi, quoique l'on eût eu soin de placer les élèves dans le sanctuaire et les chapelles latérales, l'église se trouva trop petite, et l'assistance était encore plus recueillie que nombreuse.

Ce qu'il me serait impossible de bien rendre, ce sont les marques de sympathie et d'affection qui nous ont été données à cette occasion par le clergé du diocèse de Constantine et du diocèse d'Alger; il est vrai que Mgr l'Archevêque et Mgr de Constantine en avaient pris l'initiative, mais il était facile de voir que les vertus, la sainte vie du défunt en étaient la première cause. On lui donnait des éloges très divers, mais ce qui dominait toujours, c'était ce mot : « C'était un homme de foi, c'était un homme de prière ! »

« Les restes mortels du vénéré fondateur de ce séminaire reposent dans notre église au pied des degrés du sanctuaire. Puisse son esprit de foi passer dans nos âmes, puissent les grâces que Notre-Seigneur lui avait accordées si généreusement ne pas nous être ôtées, mais au contraire nous être données à tous d'autant plus abondamment que nous avons à continuer et à développer encore toutes les œuvres qu'il a fondées. »

Voici son épitaphe composée par Mgr Lavigerie, archevêque d'Alger.

HIC

IN PACE   REQUIESCIT

JOSEPHUS GIRARD,

E CONGREGATIONE MISSIONIS PRESBYTER,

HUJUS SEMINARII

FUNDATOR ET PRÆSES,

QUI VIXIT ANNOS P. M. LXXXVIII,

IN SACERDOTIO LXI,

IN RELIGIONE XLV,

IN HOC SEMINARIO XXXVI,

ET PRÆCESSIT NOS IN PACE,

DIE XIX APRILIS, ANNO MDCCCLXXIX.

AVE, ANIMA PIA ET FIDELIS,

IN DEO REQUIESCE.

———

BENEDICTUS DÑUS DEUS ISRAEL,

QUI DEDIT DAVID REGI

FILIUM SAPIENTEM

ET ERUDITUM ET SENSATUM ATQUE PRUDENTEM,

UT ÆDIFICARET DOMUM DÑO.

(2 PARAL., II. 12.)

TABLE DES MATIÈRES

Imp de la Soc. de Typ. - J. MERSCH, 8, r. Campagne-Première. Paris.